日下舊聞卷十三

城市四　西城

阜財坊四牌二十鋪過象房橋有王恭廠燕山左衛真如寺承恩寺圓洪寺保安寺望鄉臺 五城坊巷衚衕集

象房在宣武門西城墻北每歲六月初伏官校用旗鼓迎象出宣武門濠内洗濯 長安客話

象初至京先於射所演習故謂之演象所而錦衣衛自有馴象所專管象奴及象隻特命錦衣指揮一員提督之凡大朝會役象甚多駕輦馱寶皆用之若常朝則止用六隻耳所受祿秩俱視武弁有等差其在象房人有入觀者能以鼻作觱篥銅鼓聲觀者持錢畀象奴如敎獻技又必斜睨象奴受錢滿數而後昂鼻俯首嗚嗚出

聲將病耳中先有油出名曰山性發則預以巨絚縻縶之管象房緹帥申報兵部上疏得旨始命再驗發光祿寺距其斃已旬餘穢塞通衢過者避道大庖何嘗需此殘胔京師彌文大抵皆然也 野獲編

今朝廷午門立仗及乘輿鹵簿皆用象不獨取以壯觀以其性亦馴警不類它獸也象以先後爲序皆有位號食幾品料每朝則立午門之左右駕未出時縱遊齕草及鐘鳴鞭響則肅然翼侍俟百官入畢則以鼻相交而立無一人敢越而進矣朝畢則復如常有疾不能立仗則象奴牽詣他象之所而求代行而後他象肯行不然終不往也有過或傷人則宣勅杖之二象以鼻絞其足踣地杖畢始起謝恩一如人意或貶秩則立仗必居所

貶之位不敢仍常立甚可怪也六月則浴而交之交以水中雌仰面浮合如人焉蓋自三代之時已有之而晉唐業教之舞及駕乘輿矣此物質既麤笨形亦不典而靈異乃爾人之不如物者多矣 露書

象入北土從不生育近年京師象房生一象人以未見其交而孕爲異閱曲靖程兵備于周客滇偶筆乃知象孕十二載乃生來滇始足十二載耳 雲谷臥餘

獸之蠢者莫甚于象然其性最警立使有疾則詣他象求暫入朝遲誤則伏而受箠有罪貶降則退立所貶之伍不敢復居故班行止舉動一受象奴之意旨物之最靈又莫象若也許氏說文謂象三歲一乳而段氏酉陽雜組則謂象孕子五歲始生程氏客滇偶筆則云孕十有二載乃生其說各異程氏又言象必擇人跡不到處交感鄜氏亦雅則言象交于水卷樹葉蓋之見人則羞必起逐之今京師洗象觀者且千人相傳洗時必交于水殆不然也 兩京求舊錄

眞如寺北向以其背象房而立也寺南松檜榆槐森遶皆象房樹寺在元季爲定力院南向今之象房是其山門蓋象房初設于報國寺古松之畔以關城致羈赴闕乃割定力院爲駐象所 燕都游覽志

天啟丙寅五月六日王恭廠忽震裂響若轟雷平地陷二坑約長三十步濶十三五步深二丈許是日京師婦女凡肩輿出行者皆於輿中自去其衣衣若有物攝之從空飛去墮昌平州 雪廬焚餘藁

王恭廠震日石駙馬街有石獅重五千觔飛出順城門外 頌天臚筆

王恭廠署在都城之西南隅天啟五年六月忽大震拔大樹二十餘株根在上而稍在下近廠房屋傾倒木在上而死在下殺數千人乃改卜于西直門街北建廠熹廟賜名曰安民 燕史

天啟六年五月朔人或見都城隍廟唱名厚載門火神廟紅毬滾出次前門城樓角有數千螢火忽併合如車輪至初六日巳時王恭廠災震所作乾清宮御案皆碎建極殿飛瓦殺人御史何廷樞潘雲翼被震死全家覆入土中自順城門大街北至刑部街盡爲齏粉有女人衣飾盡而身存其同伴頭去比肩無恙有從空墜人頭及鬚髮耳鼻大木遠落密雲石獅擲出城外衣服挂于西山樹杪銀錢器皿飄至昌平閱武場中崇禎十一年六月二日安民廠又災貼廠太監王甫局官張之秀俱斃八月復災 綏寇紀畧

承恩律寺在都城西南隅寺趾即古雪堂爲戒壇下院憲宗純皇帝勅賜知幻禪師以戒律開山至王恭廠火變之後益就傾圮 燕都游覽志

吉祥寺在城內西元泰定間建 寰宇通志

寺在城西南隅萬曆丙午重修改名石鐙菴翰林黃輝陶望齡集縉紳於此放生其後林增志踵行之尤盛 春明夢餘錄

石鐙菴在承恩寺之右迨王恭廠火變菴亦灰燼矣 燕

都游覽志

菴舊名吉祥萬曆丙午西吳僧眞程自雲棲來居發古甃下得石幢一式如鐙臺傍鐫般若心經一部唐廣德二年少府裴監施朝請郎趙偃書黄儀部汝亨過其地以菴甫治而鐙適出遂手書額稱石鐙菴焉 帝京景物畧

陶崇政石鐙菴碑畧次南師杖錫北游于都城之西南隅菴曰吉祥者以居焉發古甃下得石幢一枚如燈臺式傍鐫般若心經宛如聖教序唐代宗時成紀郡夫人敬造若爲度生施食用者 燕都游覽志

宋啟明石鐙菴記次南上人癸卯歲飛錫京師駐菴名吉祥剪除叢莽掘地得石鐙柱一座柱刻心經一

卷係廣德二年少府裴監所施乃以名菴 長安可游記

正德八年四月令大興宛平二縣撥佃戶二十於護國保安寺以供灑掃 武宗實錄

是時上誦習番經崇尚其教常被服如番僧演法內廠保安寺大德法王綽吉我些兒出入豹房與諸權貴雜處 同上

嘉靖二年五月以江彬錢寧入官房及故保安寺改爲燕山府軍等衛凡十五所 世宗實錄

刑部在皇城西與都察院大理寺並列爲三法司 春明夢餘錄

刑部福建司軒曰甘露貴溪江以瀚爲郎時甘露降于

軒柏作記刻碑碑僅三尺萬曆庚子四明馮若愚移砌軒前壁中 耳談

嘉靖間李攀龍王世貞徐中行輩俱官西曹相聚論詩建白雲樓于四川司中榜諸君詩李詩警句云諸山城上出落日署中寒時人目刑部爲外翰林 客燕雜記

國初比部之制分爲十二其雲南隷陝西部永樂間安南内屬置交趾司又析雲南四川之交爲貴州置貴州司方定都之初百務草剙率皆權寓蒞事今城隍廟西借薪司俗呼舊刑部是也 彭惠安公集

彭惠安部在刑部司舊有五顯廟公命碎其像易以清獻趙公神主 西園聞見錄

明宣宗刑部箴聖人制刑輔治弼教掌邦之禁惟仁

之蹈咎爾刑部卿佐暨屬惟公乃明惟明能燭匪廉弗公勉篤于行惟敬惟愼毋忘哀矜死獄求生何昔之德移情就律何今之刻深文巧詆實民之賊如鑑如衡刑乃弗忒毒威以逞下情鬱堙私意以行枉直失眞司命之寄豪絲罔僻罪疑惟輕庶鮮冤抑天不可違民不可罔斷不可續應則如響往體予仁欽哉勿渝庶幾祥刑有永令譽 官箴

都察院在皇城西 春明夢餘錄

御史差委在内則京畿道刷卷及廵視京營提學廵倉廵庫廵視光祿清恤鹽課在外則廵按清軍刷卷廵鹽廵河廵關廵茶印馬屯田遇有征行則特遣監軍紀功 西垣筆記

明宣宗都察院箴歷代建官皆有御史任之耳目委以綱紀糾違繩愆激濁揚清用獻嘉言惟直與明祖宗之制有長有貳其下之屬凡十有四敷達民隱舉察官邪必究大體毋尅毋煩必由中道毋過不及毋以賄遷毋以勢懾敦仁之存篤義之行氷霜之清松柏之貞凡爾憲臣敬慎以勗庶幾朝政資爾以肅姦頑緘默徒取充位職是用弛國則何賴必端諸心必修諸已庶懋爾績庶輔予理官箴

徐階京畿道題名記御史以監察爲職出入中外激揚刺舉無避大吏京畿道又在十三道之右爲特置焉說者謂始以僉都御史領之後乃易以御史之久次者然其沿革不見於會典而今兩京畿道印其一有文曰洪熙元年造則其領以御史也久矣豈僉都御史之設乃洪武永樂間事而御史其定制歟嘉靖丙午今中丞王君某以御史視道事值署舍爲雨所圮修復之既而稽前之莅茲道者其姓名往往不存喟然慨文獻之湮没也於是即所聞見扁之署中而請予記其後御史党君某今廷尉魏君某張君某太僕鄢君某御史邢君某繼至遂相與勒石題名以申前請予惟國朝建立諸司條理品式燦然備具而又于文案嚴照刷之條重埋没違枉規避之罰期以杜吏欺飭法守故每省必命御史董之而是道之設則又居京師重地凡六曹五府暨百司庶正文案之照刷咸屬焉故其文移之體視諸道有加益重其任俾

得行其法也及其久也吏既視以為常而御史間亦習于姑息送刷者舉其一或遺其二照刷者詳于細或畧于大而當時建署設官之良法美意且將為彌文故事日以墜失則前此姓名之不存復何怪哉今諸君精明剛毅咸克舉其職而肆其餘力搜羅前人列之貞石將俾來者指其名第其政于以審淑慝之辨其慮遠矣然予又聞今世文人學士往往重史籍而于文卷則詆為鄙俗至卻去不欲觀夫文卷視史籍雖其文不同然而國之故實與夫賢人君子經世佐時之具民生政治休戚興替之由舉於是在其有資於見聞政理宜無不同而輕重之若是其異是大惑也嗚呼士誠知文卷之不可鄙則其從事於照刷有不思盡其心以舉其職者乎 世經堂集

大理寺在都察院南 春明夢餘錄

內官同法司錄囚始于正統六年凡大審錄內監奉旨出則齎勑張黃蓋騎導於大理寺為三尺壇中坐尚書都察院大理寺以次左右列坐御史郎中下捧牘立唯諾趨走惟謹三法司視成案有所出入若輕重俱月視太監意太監意所不欲不敢忤也內監經奉命審錄者死則於塋寢畫壁南面坐旁列法司及御史刑部郎引囚鞠躬聽命狀悉圖之示後世為榮觀焉 明刑法志

明宣宗大理寺箴有虞用士弼教明刑秦漢相繼廷尉是稱命曰大理由景之世暨于今茲一以輔治列之九卿有翼有承鑑空衡平視獄之成簡于五辟以

正刑罰維過斯宥維義之合刑不可贖死不可生惟爾是憑其可不矜易簡明慎書戒欽恤祇率勿違乃德之吉惟官惟反惟貨惟來終迷不復乃禍之階粤昔蘇公式敬由獄以長王國永命攸屬嗚呼若人悠悠我思爾儀爾規服此戒辭 官箴

舍飯蠟燭寺日給貧人粟米病者有醫死者與棺 五城坊巷衚衕集

唐時禁京城丐者分置病坊于諸寺以廩之亦謂之悲田院即今蠟燭幡竿二寺也 穀城山房筆塵

咸宜坊二牌十鋪有大小石佛寺能仁寺通妙宅顯靈宮 五城坊巷衚衕集

金元間有僧自稱萬松野老居燕京從容菴耶律楚材見之叅學三年僧以湛然居士目之今乾石橋之北有甎塔七級高丈五尺草生其頂有石額曰萬松老人塔

帝京景物畧

萬松老人耶律文正王之師也其語文正王曰以儒治國以佛治心王亟稱之謂雲門之宗悟者得之於緊峭迷者失之識情臨濟之宗明者得之于峻拔昧者失之鹵莽曹洞之宗智者得之于緜密愚者失之廉纖獨萬松老人兮曹洞之血脉具雲門之善巧備臨濟之機鋒誠宗門之大匠四海之所式範其傾心至矣老人有萬壽語錄釋氏新聞又善撫琴嘗從文正王索琴王以承華殿春雷及種玉翁悲風譜贈之見湛然居士集且作詩寄老人有一曲悲風對譜傳之句又嘗寄孔雀便面

刹以詩云風流彩扇出西州寄與白蓮老社頭遮日招風都不礙休從侍者索犀牛傳之法門亦佳話也涿水亭雜識

至元十五年命承旨和禮霍孫寫太祖御容十六年復命寫太上皇御容與太宗舊御容俱置翰林院院官春秋致祭泰定四年造影堂于石佛寺未及遷後至元之六年翰林院言三朝御容祭所甚隘兼歲久屋漏于石佛寺新影堂奉安爲宜中書省臣奏此世祖定制當仍其舊報可元史祭祀志

至治元年正月帝詣石佛寺以其墻垣踈壞命副樞术温台僉院阿散領圍宿士卒以備廵邏元史兵志

元統元年正月立司禋監奉太祖太宗睿宗三朝御容于石佛寺元史順帝紀

大能仁寺洪熈元年因舊重修明一統志

大德顯靈宫在皇城西永樂時建成化中更拓其制又建彌羅閣嘉靖中復建昊極通明殿東輔薩君殿曰昭德西弼王帥殿曰保真西殿有柏爲雷所擘其枝委地如屏春明夢餘錄

按道家之言崇恩眞君姓薩氏諱守堅西蜀人在宋徽宗時嘗從虛靖天師張繼先及林靈素傳學道法而隆恩眞君則玉樞火府天將王靈官也嘗從薩眞君傳授符法永樂中杭州道士周思得以靈官之法顯于京師附體降神禱之有應乃於禁城之西建天將廟及祖師殿宣德中改爲火德觀封薩眞人爲崇恩眞君王靈官

爲隆恩眞君又建一殿崇奉二眞君左曰崇恩殿右曰隆恩殿成化初改觀爲宮加顯靈二字每歲萬壽節正旦冬至及二眞君示現日皆遣官致祭崇奉可謂至矣青谿漫藁

嘉靖三年二月營龍虎殿于顯靈宮以奉元武大政記

嘉靖壬辰上命禮部尚書夏言撰顯靈宮碑中書舍人顧亨書丹亨夢縞衣者告之曰方以類聚物以羣分既覺家僮報有鴈集于其家之庭麾之不去其日上嘉其書法令附名于碑并賜羊酒果餌四友亭集

永樂間有周思得者以王元帥法顯京師元帥推稱靈官天將二十六居第一位文皇禱輒應乃命祀神于宮城西宣德初拓其祠宇署額曰大德顯靈宮後有東西二閣燕都游覽志

世傳靈官籐像文皇獲之東海崇禮朝夕對如賓客所征必載及金河川舁不可動問之曰上帝有界止此也帝京景物畧

顯靈宮道士韓承義工蹴踘肩背膺腹皆可代足兼應數敵皆給自弄可使踘繞身終日不墮燕山叢錄

何景明過顯靈宮詩不到元宮久桃源更此行行知瑤水近坐望赤霄平洞草秋先長壇雲晝自生雙雙玉簫發風引度仙城大復山房集

李惟寅集顯靈宮作先帝祈靈太乙祠重來空憶翠華旗殿中香火儀猶具海上仙人事轉疑客與方書問指畫老來詩律舊心思調高身健慚時輩高閣憑

欄眼故遲 貝葉齋稿

馮琦登顯靈宫閣作極目長宫雁影南千峯當檻落晴嵐清秋斜日窺金象古木寒雲鎖石龕地迥樓臺三島接天低烟樹萬家含虛疑縹緲緱山頂時有簫聲駐鶴驂 北海集

正德十一年十一月刑科給事中齊之鸞上言邇者京師西角頭新設花酒店房或云車駕將幸其間或云朝廷實收其利陛下為天地民物之主四海之富孰非其有乃至競錐刀之利于倡優之館乎請亟罷之不報 武宗實録

鳴玉坊三牌一十四舖有神武後衛燕山衛浄妙菴古燈菴寶禪寺普度寺響鈴寺 五城坊巷衚衕集

帝王廟在西四牌樓大街之西南向嘉靖間建祀三皇五帝三王漢高祖光武唐太宗宋太祖元世祖其中而兩廡祀歷代名臣 燕都游覽志

嘉靖十年三月歷代帝王廟成先是中允廖道南請撤靈濟宫神改設帝王廟禮部以所在窄隘宜擇地别建於是工部相度阜成門内保安寺故址舊為官地改置神武後衛地勢整潔且通西壇可鼎新之詔可遣工部侍郎錢如京督工工完上親詣廟祭 國朝典彙

帝王廟殿名景德崇聖之殿東西兩廡南砌二燎爐殿後為祭器庫前為景德門門外東為神庫神厨宰牲亭鐘樓又前為廟街門東西二坊曰景德立下馬牌 春明夢餘録

太祖洪武六年建帝王廟于金陵七年始設塑像未幾遇火又建于鷄鳴山之陽及文皇都燕未遑設帝王廟僅于郊壇附祭至嘉靖十年始爲位于文華殿而祭之其年中允廖道南請撤靈濟宮二徐眞君改設歷代帝王神位及歷代名臣上下其議于禮部時李任丘時爲春卿謂徐知證知諤得罪名教固宜撤去但所在窄隘不足改設寢廟宜別擇善地上以爲然令工部相地以阜城門內保安寺故址整潔且通西壇可於此置廟上從其言次年夏竣役上親臨祭今帝王廟是也是年修撰姚淶即議黜元世祖祀李任丘亦執奏以爲不可而止至二十四年竟斥去識者非之則費文通迎合也廖中允疏以大慈恩寺與靈濟並稱欲廢慈恩改辟雍行養老之禮禮臣以既有國學爲至尊臨幸之地似不必更葺別所惟寺內歡喜佛相應毀棄上是之像既毀不數年而此寺鞠爲鞠場邵陶兩方士以提督靈濟等宮領天下道教入銜矣任丘先已測上意故存此宮智哉

野獲編

成化二十二年冬十月復建大永昌寺先是寺建于西市已有成緒及國師繼曉以星變被譴寺亦隨廢至是太監梁芳請更擇地建之乃令工部左侍郎杜謙等相度地基得故廣平侯袁瑄宅時瑄家已失侯瑄妻固請以宅獻而託芳請襲侯芳言于上而許之既又市其傍民居數十家大興工役視舊益加廣矣 憲宗實錄

二十二年五月以工部尚書謝一夔代杜謙督造大永

昌寺 國朝典彙

正德五年六月戸部言永昌寺舊址改建爲倉未有名乃賜名曰太平倉 武宗實錄

六年十一月以太平倉賜永壽伯朱德爲私第戸部尚書孫交言昔田蚡請考功地益宅漢武不許夫隙地尚不輕畀况此倉乎奏入不聽 同上

八年三月改太平倉爲鎮國府又欲毁廒口爲府廳工部奏祖宗稽古建官府部具有定制今改倉爲府有乖舊典况位屬乾方乾天門也且此地初爲永昌寺再爲新石廠又爲太平倉屢改屢廢推之地理察之人事俱未便上曰既以此地爲天門宜當通達前此閉塞何不以聞其以實陳狀工部再請罪乃宥之 同上

嘉靖元年五月改鎮國府仍爲太平倉命總督倉場官管理 世宗實錄

康陵先立鎮國府後乃自封鎮國公府在鳴玉坊嘉靖初仍改太平倉矣都人至今猶呼西帥府衚衕也 兩京求舊錄

至大元年立大承華普慶寺都總管府二年改延禧監尋改崇祥監四年陞爲崇祥院泰定四年復改爲大承華普慶寺總管府天曆元年改爲崇祥總管府置普慶營繕提點所三年改爲營繕司 元史百官志

至大四年十月賜大普慶寺金千兩銀五千兩鈔萬錠西錦綵緞紗羅布帛萬端田八萬畝邸舍四百間皇慶二年七月賜普慶寺益都田百七十頃 元史仁宗紀

至治元年二月作仁宗神御殿于普慶寺 元史英宗紀

泰定元年四月作昭聖皇后御容殿于普慶寺八月遣翰林學士承旨斡赤祀太祖太宗睿宗御容于普慶寺 元史泰定帝紀

姚燧普慶寺碑畧大承華普慶寺者皇帝爲皇祖妣徽仁裕聖太后報德作也先是太官荅難監龍興還老而無子自籍臧獲數千指牛羊馬駝蹄角亦數千田産貲貨猶不與存盡獻之隆福宮裕聖則曰吾何庸斯其賜今皇上四年裕聖上仙撤是獻屋爲殿三楹事佛妥靈以盡孝思至大元年視昔所作圖報弗稱乃市民居倍售之佔跨有數坊直其門爲殿七楹後爲二堂行宇屬之中是殿堂東偏仍故殿少西疊

甓爲塔又西再爲塔殿與之角峙自門徂堂廡以周之爲僧徒居中建二樓東廡通庖井西廡通海會市爲列肆月收僦直寺須是資是役也未嘗發民一夫皆傭工爲之其費一出宮帑 牧菴集

日忠坊四牌十九鋪有永泰寺廣濟寺延壽寺 五城坊巷衚衕集

弘慈廣濟寺東望西安門西接平則門帝王廟南隣乾石橋萬松老人塔北近大街寺基二十畝 弘慈廣濟志

萬安弘慈廣濟寺碑都城內西大市街北有古刹廢址相傳爲西劉村寺景泰間人有得佛像及石龜石柱于上中山西僧普慧與其徒圓洪輩圖興復之尚衣監太監廖屏以聞賜額曰弘慈廣濟時天順丙戌

歲也同上

萬曆癸未彭城伯張守忠惠安伯張元善重修同上

金城坊五牌二十二鋪有普照寺鐵佛寺五城坊巷衚衕集

天順元年五月勅戶部令順天府於大興宛平二縣各設養濟院一所實錄

元世祖廟在金城坊洪武十年建明一統志

嘉靖二十四年禮科右給事中陳棐上言國家於歷代帝王陵寢之祭自伏羲以至宋孝宗三十五陵所祭之處俱實有陵墓惟順天府所祭元世祖陵但權於府西廟址掃階薦幄以畢事夫既曰祭陵而實無陵臣以為罷之便春明夢餘錄

馬中錫謁元世祖廟作世祖祠堂帶夕曛碧苔年久蝕碑文薊門此日瞻遺像起輦何人識故墳棹楔半存蒙古字陰廊尚繪伯顏軍可憐樹老無花發白晝鴞鳴到夜分東田漫稿

元佑聖王靈應廟即今都城隍廟在城西刑部街春明夢餘錄

天曆二年加封大都城隍神為護國保寧王夫人為護國保寧王妃元史

金佑聖王靈應碑貞元元年許復書元佑聖王靈應碑至元五年任栻撰張禮書元城隍廟碑至治四年莊文昭書元大都城隍佑聖王廟碑泰定三年立元大都城隍廟碑至順二年虞集撰康里巎巎書元護國佑聖王

記至正二十五年吳雲書 天下金石志
虞集大都城隍廟碑世祖聖德神功文武皇帝至元
四年歲在丁卯以正月丁未之吉始城大都立朝廷
宗廟社稷官府庫庾以居兆民辨方正位井井有序
以爲子孫萬世帝王之業七年太保臣劉秉忠大都
留守臣段貞侍儀奉御臣忽都于思禮部侍郎臣趙
秉温言大都城既成宜有明神主之請立城隍神廟
上然之命擇地建廟如其言得吉兆于城西南隅建
城隍之廟設像而祠之封曰祐聖王以道士段志祥
築宮其傍世守護之自內廷至于百官庶人水旱疾
疫之禱莫不宗禮之爾來六十有餘年國家治平民
物繁阜日盛一日而神之所依亦厚矣祀典之載所

謂有其舉之而莫之敢廢者歟廼天曆二年二月庚
子皇后遣內侍傳旨中政院臣使言于上曰城隍神
廟世祖皇帝時所建有禱必應烜赫彰著而廟久弊
弗葺無以荅神明之貺以繼世祖之意請出內帑寶
鈔五萬緡以修制曰可命京尹臣賈某董之太史以
諏日弗協請俟其吉九月中書參知政事臣趙世安
等奉勑封神曰護國保寧佑聖王其配曰護國保寧
佑聖王妃至順二年二月癸亥以前所賜爲未足用
增賜寶鈔十萬緡大修治之平章政事臣阿禮海牙
工部尚書臣岩穆忽爾寔奉詔領其事且命之曰庀
工而有餘貲則以賜諸廟中給恒用於是工部率其
屬以即役土木瓦石金碧丹堊既善既足百工並作

無敢不虔未幾而告功於是有勅史臣集製文刻石以垂示無窮臣集拜手稽首而言曰聖上受命自天纂承大統武臣著功在盟府百靈相協罔其宜哉聖后輔佐聖明之成功而一神之報亦不敢忘可以觀德可以致福可以示勸于臣矣於戲盛哉請系以詩曰維皇建國宅中圖大臨制萬方式表無外列雉四周壯于天垣爰立明神以保固完司空奉詔愼擇吉土作廟坤維以祀休嘏相維典則有社有方羣黎萬姓罔敢褻瀆維坤孔邇有堂有寢曰豫則康威怒斯凜歲時牲牢旨酒明粢無有小大士女畢來列聖清明歲行六十風氣宣通民物豐殖相爾檐楹丹雘弗新何以妥之俾佑我人皇上至仁思保赤子聖后念之命禱靈時天高日明風塵不驚大開明堂治功告成有祈有報伊古之道出財官府撤弊改撓山藻孔文既閒既安度其王封載加彌尊神來燕喜百和萃止導天之貺爲帝之祉室家祚徧福祿萬年貽及于民生養弗愆崇墉巖巖太山之固神永有依斯皇多祜 道園學古錄

都城隍廟在都城之西永樂中建中爲大威靈祠後爲寢祠左右爲齋兩廡爲十八司前爲闡威門門外左右爲鐘鼓樓又前爲順德門又前爲都城隍門 春明夢餘錄

北……此國初舊物……建北

京埋而露其頂儀門塑十三省城隍皆立像左右相對每歲順天府官致祭 湧幢小品

宣德五年六月命行在工部修北京城隍祠 宣宗實錄

正統十二年十一月重建城隍廟成 英宗實錄

英宗御製碑畧城隍廟在都城西南隅城完之日令更造焉中作正堂後爲神寢堂之前爲正門自堂左右至門翼以周廊如官司之職掌以案名者十二廊東西中特起如堂者二名左右司正堂以祠城隍之神而旁以居其輔相者各以序置門之外爲重門東西置鐘鼓樓其後各有舍以棲其守護之人總爲屋以間計者一百九十其地以丈計者深七十一廣四十一有奇材出于官之素具工役于力之常供一無所預于民成不浹旬而功倍于累月孟子所謂不日成之或庶幾焉 同上

廟市者以市于城西之都城隍廟而名也西至廟東至刑部街止亘三里許其市肆大畧與燈市同第每月以初一十五二十五開市較多燈市一日耳 燕都游覽志

京師朔望及二十五日俱于城隍廟爲市郎曹入直之暇下馬巡行冠履相錯不禁也初四十四二十四等日則于東皇城之北有集謂之內市不及廟中之多也至每歲正月十一日起至十八日止則在東華門外迤邐極東陳設十餘里謂之燈市則視廟中又盛矣 五雜組

城隍廟開市在貫城以西每月亦三日陳設甚夥人生日用所需精麤畢備羇旅之客但持阿堵入市頃刻富

有完美以至畫書骨董眞僞錯陳北人不能鑒别往往爲吳儂以賤值收之其他剔紅塡漆舊物自内廷闌出者尤爲精好往時所索甚微今其價十倍矣至于窑器最貴成化次則宣德杯琖之屬初不過數金予兒時尚不知珍重頃來京師則成窑酒杯每對至博銀百金予爲吐舌不能下宣銅香爐所酬亦畧如之蓋皆吳中儇薄倡爲雅談戚里與大估輩浮慕效尤濫倒至此 野獲編

凡燕中書肆多在大明門之右及禮部門之外及拱宸門之西每會試舉子則書肆列于場前每歲朝後三日則移于燈市朔望并下澣則徙于城隍廟中燈市極東城隍廟極西皆日中貿易所也燈市歲三日城隍廟月三日至期百貨萃焉書其一也 少室山房筆叢

唐淤泥寺即今鷲峯寺鷲峯者唐僧之號也見唐人石刻心經中寺在内城西隅中有栴檀瑞相元學士程鉅夫記其說荒唐不足信然佛之體製衣紋踽踽欲動非近代人所能辦 春明夢餘錄

京師栴檀佛以靈異著聞海宇王侯公相士庶婦女捐金莊嚴以丐福利者歲無虛日故老相傳云其像四體無所倚著人君有道則至其國國初時尚可通一綫無礙今則不然矣 輟耕錄

鷲峯寺在城西墻畔寺頗湫隘然供有栴檀佛其中像爲紫檀木衣無縫天衣目上視手左昂右頪相好端嚴變異常造歷代以來每隨建都之地而供養之元鑴栴

檀佛像于石面樹碑堺間悉人搨請燕都游覽志

城隍廟之南有鷲峯寺栴檀佛像高五尺許色近沉碧萬曆中慈聖太后始傳以金帝京景物畧

京師鷲峯寺有栴檀釋迦接引像其足立處幾於交趾不作八字衣紋多作直褶如出水衣附着股臂間面目向上絶不似今滿月相也見只編

劉迎栴檀像詩我昔游京師稽首禮瑞像堂堂紫金身示現大法藏莊嚴七寶几重疊九霞帳光如百千日晃耀不容望想初法王子運力攜諸匠瓌材發神秘妙斵出智創風流蜀居士幹蠱老彌壯雷霆大地底音樂諸天上猶疑三十二不具梵音相不知一點眞正勝千語淚嗚呼五因緣語綺反成謗我今獨何

幸相見問無恙文殊本無二何處覓眞妄廣修香火供獲脫煩惱障天龍想鷲喜訶衛日歸向巳覺海潮音人天會方丈山林長語

程鉅夫栴檀佛像記葢聞道非有像作易者必擬諸形容法本皆空度世則覽資于色相謂如指空爲鏡不若以鏡而諭空即樹占風將使識風而忘樹是以雙林付囑舍利以凡聖而遍分千輻經行足跡亘古今而常在非炫神通于幻境實開方便于迷津所謂由目以會心即心而印佛者也按大藏功德經佛昇忉利天度夏三月爲母摩耶說法爾時優塡王常懷渴仰而不得見敕彼國内巧工造佛形像禮拜供養毗首羯磨天化爲匠者即白王言但我工巧世中爲

上士即選擇香木肩自負荷持與天匠操斧斲木其聲上徹三十三天至佛會所以佛神力聲所及處衆生罪垢煩惱皆得消除又觀佛三昧經佛昇忉利天既久優塡王不勝慕戀鑄金爲像聞佛當下以象載之仰候世尊猶如生佛乃遥見佛足步虚空蹈雙蓮花放大光明佛語像言汝於來世大作佛事我滅度後我諸弟子付囑於汝然則萬影沉江如如不異孤光透隙一一皆圓夫豈擇地而容蓋亦隨緣而應望梅林而止渴靡不沾汎竹葉以言歸誰堪共載惟我聖天子道躋往聖慈等覺皇視長樂之春秋恒依佛地企如來之歲月坐閲人天爰命集賢大學士李衎與昭文舘大學士頭陀大宗師溥光等大海雲寺

住持長老某大慶壽寺住持長老智延大原教寺住持講主某大崇恩福元寺住持講主德謙大聖壽萬安寺住持都壇主德嚴大普慶寺住持講主某繙究毗尼經典討論瑞像源流乃有阿闍鴉鸞法筵龍象五千四十八卷歷刼藏心十方三世諸尊宿生摩頂莫不恪承淵旨同述勝因曰釋迦如來淨飯王之太子生於甲寅四月八日是爲成周昭王二十四年既生七日佛母摩耶夫人往生忉利至昭王四十二年壬申太子十九棄位出家修道至周穆王三年癸未道成八年辛卯思報母恩遂升忉利天爲母説法優塡王欲見無從乃刻栴檀爲像目犍連慮有缺謬躬攝三十二匠升天審諦三返乃得其眞既成國王臣

民奉之猶佛是年佛自忉利復下人間此像躬迎低頭問訊佛爲摩頂授記我滅度千年之後女往震旦廣利人天由是像居西土一千二百八十五年龜茲六十八年凉州一十四年長安一十七年江南一百七十三年淮南三百六十七年復至江南二十一年汴京一百七十六年北至燕京居今聖安寺（瑞像來儀記作憫忠寺）十二年又北至上京大儲慶寺二十年南還燕宮內殿居五十四年大元丁丑歲三月燕宮火尚書省石抹公迎還聖安居五十九年而當世祖皇帝至元十二年乙亥遣大臣孛羅等備法仗羽駕音伎四衆奉迎居於萬壽山仁智殿丁丑建大聖壽萬安寺二十六年己丑自仁智奉迎居於寺之後

殿焉元貞元年乙未成宗皇帝親臨奉供大作佛事計自優塡造像至今奉詔纂述之歲是爲延祐三年丙辰二千三百有七年憶四大海中頓覺業風之息一彈指頃不知賢刼之過嘉與涵靈從茲安隱於是集賢大學士陳顥以述上聞有旨授臣鉅夫俾爲之記臣謹奉詔言曰粤自古初聖人教民報本返始而祭祀之禮居其一廟則木爲之主饗則孫爲之尸及其後也乃有像設焉而不知其所從始由斯觀之其原於梵俗也與夫佛爲世中尊又何俟於贊然欲知佛之爲佛不當于其身而況於其似然苟不自其外而求之又將無所措其力是故佛雖多訓然往往自即其身以言蓋因以卜人心進退之兆若於其麤者

猶惓惓不怠焉則其進也殆庶幾乎此佛之意也陛下考百王之度酌羣言之藴上以惇孝下以施仁斳於厚天下者無所不用其極至于規人於善足以輔吾政教之所不逮者亦以天下之心爲心而從之而非若彼内祠秘祝者之爲也夫以金石之悍堅猶未能必其可久今以一木之爲而緜歷獨若此然則佛之自衛者固甚周而人之■也抑豈手足之功哉于以見人心之仁推諸四海而準而性善之説果不誣矣嗟夫邈沿二千年有奇至于陛下然後發德音紀鴻烈非綴也熙明之治至是而始隆雖典祀之外猶必以斯文文之也然則化之漸被者廣矣不其盛與記洛陽之伽藍筆多懟于董史頌西方之無量心共祝于尭年莫測眞如徒欣聖際謹記 雪樓集

自仁智殿奉迎于萬安寺之後殿百四十餘年迎于慶壽寺至嘉靖十七年居百二十餘年因寺回禄表聞于上奉迎于鷲峯寺至今萬曆二十五年丁酉居五十八年計自優塡王造像之歲當穆王十二年辛卯至今萬曆丁酉凡二千五百八十餘年 瑞像來儀記

優塡王勅國出巧匠會以牛頭栴檀作佛像形供養晨夕禮拜是時波斯國王聞優塡王作佛像供養亦召巧匠語以如來形體當以眞金作佛像形即令紫磨作如來相亦五尺餘時閻浮提中始有二像也 增益阿含經

佛九十日在忉利天爲母説法時優塡王思佛請目揵連神通攝匠人俾雕佛匠六雕得三十二相惟釋摩梵

音像雕不得傳燈錄

淤泥禪寺心經今在京師城内西南隅鷲峯寺正書其末曰大唐貞觀二十二年三月吉日建立碑曰宫官張功謹敬德監造今山東河北寺院多云劍自敬德或謂是尉遲敬德攷許敬宗所作敬德神道碑及本傳並無鎮幽州事亦不嘗刻于宫官之下也 金石文字記

義利寺在城内西宣德四年建 寰宇通志

王章字漢臣常州武進人崇禎元年進士歷官河南道監察御史巡視京營甲申三月賊攻廣寧門城破遂入守阜成門 明忠錄同甲申傳信錄作東直門 城復陷公於城上遇賊奄至呼下馬公張目叱之賊槊公中股墜馬被執問曰降否曰不降賊以刃傷其膝仆地罵不絕

口遂遇害 兩朝遺詩傳

月張園在阜城門内傍城垣下入門兩垂柳拂地黛柏蒼槐深環石砌堂後枕一池甚修廣倒影入屋楹周遭菜畦今屬冉都尉矣 燕都游覽志

宜家園在阜城門内舊爲宜城伯衛公別業傍多宅宇外有菜圃百塍後屬之焦鴻臚稱焦園又屬之毛戶部稱毛園舊有射堂爲習武地今廢矣牡丹數種向爲京師第一先輩言初搠時多奇石石皆有名曰隅虎曰竹鵠曰鶯羽曰奮距今不知所之矣 同上

河漕西三牌十三舖有廣備庫阜成廠揀果廠永清左衛北新草塲普度堂白塔寺祝壽寺翊教寺 五城坊巷衕衕集

白塔寺建自遼壽昌二年塔制如幢色白如銀至元八年加銅網石欄天順二年改名妙應寺 春明夢餘錄

妙應寺在阜城門內寺右偏有白塔一座創自遼壽昌二年爲釋迦佛舍利建內貯舍利戒珠二十粒香泥小塔二千無垢淨光等陀羅尼經五部元至元八年世祖發視石函銅缾香水盈滿色如玉漿舍利堅圓燦若金粟前二龍王跪而守護缾底獲一銅錢上鑄至元通寶四字帝后閱之愈加崇重卽迎舍利崇飾斯塔角垂玉杵階布石欄簷挂華鬘身絡珠網制度之巧萿古今所罕有矣 長安客話

元初童謠曰塔兒紅北人來作主人翁塔兒白南人作主北人客世祖時塔色赭赤及高皇帝兵起淮陽塔白

如故 帝京景物畧

至元十六年建聖壽萬安寺于京城二十五年四月萬安寺成佛像及牕壁皆金飾之凡費金五百四十兩有奇水銀二百四十觔二十六年七月幸大聖壽萬安寺置栴檀佛像命帝師及西僧作佛事坐靜二十會 元史世祖紀

元貞元年正月壬戌以國忌卽大聖壽萬安寺飯僧七萬 元史成宗紀

至治元年七月奉仁宗及帝御容于大聖壽萬安寺 元史英宗紀

天曆元年十月幸大聖壽萬安寺謁世祖裕宗神御殿二年五月幸大聖壽萬安寺作佛事于世祖神御殿 元

史文宗紀

世祖帝后影堂在大聖壽萬安寺裕宗帝后亦在焉世祖影堂藏玉册十有二牒玉寶一鈕堂有眞珠簾又有珊瑚樹碧甸子山之屬 元史祭祀志

至正二十八年六月甲寅大都大聖壽萬安寺災是日未時雷雨中有火自宮而下其殿脊東鼇魚口火焰出佛身上亦火起帝聞之泣下亟命百官救護惟東西二影堂神主及寶玩器物得免餘皆焚燬此寺舊名白塔自世祖以來爲百官習儀之所其殿陛欄楯一如內廷之制成宗時置世祖影堂於殿之西裕宗影堂於殿之東月遣大臣設祭 元史五行志

張翥辛未二月十三日雷火焚故宮白塔詩數聲起蟄乍聞雷驟落千山白雨來恐有怪龍遭電取未應佛塔被魔災人傳妖鳥生譌火誰覓胡僧話刦灰豈復神靈有遺恨冷烟殘燼滿荒臺 蛻菴集

劉基白塔寺詩物換星移事已迷重來此地惑東西可憐如鏡天邊月獨照城烏半夜啼 犁眉公集

天順元年改妙應寺賜額成化元年於塔座周圍甎造燈籠一百八座以奉佛塔相傳西方屬金故建白塔鎮之然同時元刱有五色塔而今僅有黑塔在其後餘湮沒莫考已 燕都游覽志

附近有黑塔寺青塔寺然寺存而無塔 春明餘夢錄

弘慶寺在順天府西舊名黑塔寺正統元年改建 明一統志

普安寺在西河漕西翊教寺之東有李賢董份二碑析津日記

正洤寺寶禪寺俱在河漕西有勅建碑順天府志

朝天宮西三牌十五鋪有椒園廠菊子園官菜園西城草場青塔寺立禪廟朝陽菴秀頭菴妙清觀五城坊巷衚衕集

朝天宮在皇城西北元之天師府也春明夢餘錄

宣宗章皇帝倣南都之制建朝天宮于皇城西北有三清殿以奉上清太清玉清通明殿以奉上帝建普濟景治總制寶藏佑聖靖應崇眞文昌元應九殿以奉諸神東西建具服殿以備臨幸宮成于宣德八年閏八月御製詩文勒碑紀事憲宗純皇帝成化十七年六月重修

亦御製詩文勒碑紀事至天啟六年六月十三殿災

宮後天師府有趙孟頫張天師像贊碑大道歌碑虞集黃籙大醮碑帝京景物畧

凡大朝會百官先期習儀二日國初或在慶壽寺或在靈濟宮宣德間建朝天宮于皇城門內白塔寺西始爲定所長安客話

李東陽詩石徑苔深步屧空菊花開遍去年叢重游誤落秋風後舊事都消夜雨中已覺地偏非世界却憐身病是樊籠諸公只隔瀛洲路未遣丹丘鶴夢通懷麓堂稿

李夢陽詩馬上城中見雪山白雲蒼樹滿燕關蓬萊咫尺無人到松柏黃昏有鶴還當日翠華游物外百

年金殿鎖人間浮塵擾擾江湖遠悵望巖樓不可攀

空同集

田一儁詩星垂殿閣月垂枝又是千官拜舞時鳳闕未瞻周黼扆龍宫先試漢威儀爐烟裊裊分中禁冠珮鏘鏘儼法墀班徹共趨庭左右載賡宣廟憲皇詩

明鍾台集

阜城門迤北三里許爲正義坊坊北數武有十方禪院相傳爲北留菴萬曆初有大力者奪之于時五臺陸公捐貲首倡歸其直堂其趾舂築之餘得殘碑尺許有貞觀年月及北留寺記等字然後知其爲唐寺也 燕都游覽志

馬之駿詩宛在風光裏悠然水木間屢尋沿岸寺稍

見著城山戲佛難除懶逢僧即共閒淹留無不可捹與暮鴉還何處堪消夏非山即水鄉樹深渾欲暝花近反無香欲晚波難緑迎秋木漸蒼市諠原未遠烟景乃微茫 馬仲良詩集

日下舊聞卷十三終

日下舊聞卷十三補遺

城市四 西城

王恭廠火後救出爭身男子吳二問之稱係廠中本撮火藥人役但見颷風一道內有火光致將滿廠藥鐔燒發同作三十餘人盡死止存一人最可異者庭樹盡拔而無焚燎之跡藥樓飛去而陷數丈之坑庫車軍器如故神剪火木塵封時塲一萬九百三十間壓死男女五百三十七人工部上言十忠坊有御用監外西新廠房三所共計二百餘間甚爲寬濶足貯神器上命改爲安民廠并發帑金一萬兩賑䘏災民 兩朝從信錄

高麗忠宣王五年九月王至大都十月帝下王於刑部既而祝髮畫之石佛寺 高麗史世家

張翥奉迎明宗冊寶至石佛寺明日入太廟清祀禮成賦以紀事詩寶冊香輿出法宮霏烟御路曉濛濛仗齊劍佩千官裏金奏簫韶九廟中宣室鬼神徵賈誼太常禮樂屬孫通小臣有幸逢熙事散作恩波四海同 蛻菴集

周思得錢唐人行靈官法先知禍福文皇帝北征召扈從試之不爽乃命祀靈官神於宮城西靈官藤像上獲之於東海朝夕崇禮所征必載及金河川舁不可動就思得問之曰上帝有界止此也已而果有榆川之役 列朝詩集

蕭端蒙京師新建帝王廟碑皇帝御㝢二紀于茲明禮飭樂以化天下損益舊章適于中道既正二郊造

九廟作明堂舉大禘證社稷敦先師懷柔百神咸秩其祀屬以古先帝王之廟遠在南京其于崇享之意闕而未備乃詔于京師立廟歲時報祀如常儀竊惟三恪之禮肇于先王八君之祀列之祭法所以欽崇先烈永其祀事者至矣自秦而下廢而不講者千年隋始制爲常祀各廟所都唐天寶間乃以羣臣議置三皇五帝廟各一于京師高皇帝定鼎金陵緣先王之意采隋唐之制立廟雞鳴山陽以三皇五帝三王漢唐宋及勝國創業諸主祀焉其歷代名臣自風后力牧而下凡三十七人各以其序配食于廟庭有司歲祀有隆無替車駕北徙坎壇祠廟更造並置悉如南都之故獨帝王之廟未有所立頃歲乃命司空度基詹尹諏日經之營之以成玆室蒐百年之遺典成一朝之偉觀臣竊以爲玆舉也四善具焉崇德報功不闕不濫宏教也備物盡文以褒先世廣仁也同堂而食選勞而享茂制也搜墜補廢弼成鉅憲至明也有是四者不有所述其奚以示來世乃再拜爲之辭曰明明天子冠德履仁粹道沕潏元化流淳創物垂範登三邁五制法典王進退今古惟其有之是以似之奕奕寢廟聿崇祀之有庭其廡有室其翼神其戾止以享以懌介我景福佑我其延子子孫孫勿替歷年　同野集

嘉靖二十七年正月都城隍廟災詔工部重建　嘉隆聞見紀

都城隍廟元碑七在寢殿後其四在左一長明燈記立於至正二十六年十月一立於元貞元年正月韓從政撰文許復書并篆額一立於至正四年九月余闕撰文莊文昭書一立於至正二十五年十二月童梓撰文吳雲書張翥篆額其三在右一立于至元五年六月任栻撰文張禮書其兩碑則字跡剝落不可復識矣寢殿內朱漆木桶二大可容水數十石有萬曆時進造浴盆及換水二碑葢都中取水甚難貯此以備不虞而道士遂以神所沐浴謂目疾者洗之可愈用以誑人云 緇素錄

都城隍廟有元余忠宣公碑至正四年立石文辭猥鄙青陽集無之非公作也 稼堂雜抄

任栻大都城隍廟碑畧京師天下之所趨奠居者無

慮百萬室是其捍災禦患以顯相生人福善禍淫以陰贊天道必有神焉主之國朝廟祀神于城之坤維爵號祀秩視外郡有加以宗社宮闕攸在示禮重也神絃歌曰麗予牲兮腯以純潔予盛兮肴以芬桂醑兮瑤樽神惟德兮是歆樅金兮節鼓我歌兮且舞白雲車兮霓旌神之來兮帝庭祈年則穰兮歐慝與厲神心以懌兮報祀毋替奎章閣侍書學士兼翰林侍講學士任栻撰奉直大夫尚舍寺經歷冀州陰陽學正李郁書

韓從政佑聖王靈應碑序大元有天下建大都立宗廟安社稷懷柔百神凡在祀典者朝命通祀殷薦豐腆春夏不闕至元初選都之坤方一隅命少府督工

創建城隍廟不日落成丹青畫飾壯如王者之居司
分善惡部領山川特封祐聖王每遇朔望車馬畢集
祈禱於神者莫之勝紀先至元二十八年七月七日
夜文明街之右盜殺銀千戶及奴二人有司繫隣佑
于獄考訊逾年省部委本路府推問從仕親蒞乃事
從仕于二十九年五月十八日引吏齋戒沐浴禱於
王前同宿廡下是夜將半俄聞樂作遠則有音近則
無迹徐聽鏁鑰之聲殿門若開恍如神降官吏相謂
曰今獲斯應殺人者神必知之次日就引囚徒審問
內有趙塔察兒者如神攝之自行招說殺銀千戶者
我也從此寃獄罪有所歸遠近聞之莫不驚歎焉翰
林院兼國史院從事韓從政撰太常寺禮值官許復

書
童梓加封聖號頒降宣命記世祖皇帝定都於燕旣
城旣隍爰命太保臣劉秉忠建神祠於坤維賜額曰
祐聖王廟迨天曆己巳文宗勅叅知政事臣趙世安
加封神曰護國保寧錫香旛及楮幣五萬緡欲葺其
敝太史以用且勿足遂寢越至順辛未益賜緡十萬
重飾像繪以朽易堅崇墉增級金碧丹堊爛然炳耀
元統初今上皇帝入正大統治民事神式遵祖訓肇
稱殷祀節加封曰弘仁廣惠神妃從其號至正癸卯
春三月監察御史忽先木只兒海牙野里帖木兒忙
哥帖木兒韓楫黄夔言比者畿甸有警雖武臣効力
然全城乂安詎非神之黙助乎况五穀屢登疾疫弗

作理宜崇于昭報章達中書丞相搠公洎郎中薩理密實員外福安都事九住僉謂神之靈異爲民捍患凡有禳祈罔不孚應宗褒徽號于禮爲當遂趣下其事于春官議於奉常謂宜加封護國孚化保寧弘仁廣惠祐聖王奏聞制曰可仍頒宣命及尚醞香幣遣集賢院衆官皇姊莊靖大長公主遣亦憐真尊皇后遣資正同知朶列圖按木不花皇太子皇妃遣長慶卿五魯帖木兒咸賫香幣致祭於廟臺稚趣瞻牲醴交薦里人太史院管勾董本立延吳雲大殿額飾以泥金用彰新命先是廟祠香火日盛闢闔灑掃未有主者長春道士張志忠承詔薦葆光大師段志祥領其事遂度廟東隙地建元元殿傍爲環宇以居道流

俾甲乙住持以守神祠歲久提點王道從退休下西堂至是降璽書授守真純素明善大師張德元住持本宮善應元明守一大師商慎和崇元明善達妙大師朱德明並提點本宮事揔給五品印信前御史趙元僧時爲集賢都事實相成之衆復送志靜淳真大師楊德益爲宮門提舉兼提點宮門事咸議立石以紀盛典復謀于本立經其費乃徵予記其實謹按祭法有功於民則祀之能禦大災捍大患則祀之故城隍之神凡天下城池皆祠焉矧國都萬乘之所居四方之所仰宜百靈之所呵護也朝廷重錫嘉號以報神賜崇信可謂至矣然神之影響在乎人之誠否靡間貴賤苟或不誠于中乃欲媚神以徼須臾之佑神

聰明正直寧肯顧而歆之歟書曰天道福善禍淫又曰作善降之百祥作不善降之百殃其神之謂矣賜進士出身承值郎綺源庫提舉童梓撰文承事郎太子司經吳雲書丹集賢大學士光祿大夫滕國公張瑧篆額

無名氏長明燈記大都城隍廟提點道士叩門言曰君之友阜財里米只兒海牙以宛平縣彰義關之西石碑道南田地廣袤九十畝施諸護國孚化保寧弘仁廣惠佑聖王廟歲租之入以供長明燈令既授地宜刊于石俾後有所徵焉予謂城隍之祠遍天下郡邑然神之所以禍焉福焉者因其人善不善非以祈禳而得而免也世之庸夫愚婦心險行僻顧乃爇黃酹醴屈膝頓顙以伸斯須之敬神之視之如見肺肝

然寧肯享之乎善敬神者洋洋如在其上如在其左右言焉惟恐神之聽行焉惟恐神之見言行不愧於神明而有不蒙其福者乎今米只兒海牙不私其財積而能散深明夫禍盈福謙之理者也雖然施者固善矣苟司其租者不思以時致祭而唯私其藏非特施者是負而實欺神明矣其可哉米只兒海牙累官中奉大夫繕工司卿

昆田謹按許復所書碑本元成宗元貞元年立石而劉同人于司直誤以元貞爲貞元遂目曰金碑又莊文昭所書碑乃至正四年立石非至治也

京師有唐人所書心經三一貞觀二十二年刻石在淤泥禪寺一趙儼書廣德二年刻石一大足年僧有晦建古林金石表

漢經廠外廠聖祚隆長寺有萬曆四十五年勅建碑行國錄

弘治戊午夏京師西直門熊入城守衛者不知覺有被傷者鈞陽馬公謂野獸入城非宜乞嚴武事備盜賊何孟春謂同列曰熊之爲兆旣當備盜亦須慎火未幾城內在處火災禮部燬焉或問孟春此占出何書曰宋紹興己酉永嘉災前數日有熊自南渡至城下高世則謂其倅趙允緒曰熊于字能火郡中宜慎火果延燒官民舍十七八偶憶此事云然不意其驗也餘冬序錄

袁桷普慶寺後殿上梁文積翠凌空儼諸天之層構側金布地成四梵之妙緣皇帝味道圓明宅心清淨深植善本靈山之付囑未忘廣種福田寶所之莊嚴彌負像設參前而山立威儀殿後以雲趨一一青蓮層層貝葉爰以棲神而凝睇亦云澄觀以集思成祇樹園作平等觀虹梁將舉龍象具瞻清容居士集

蒲道源白塔寺翻修正殿興工祭文紺殿重修齋廚剏構興作之始恐干神祇畚鍤方陳先事而告願祈陰相俾無震驚閑居叢稿

萬曆己未鷲峯寺僧濟舟在殿誦經一上人拜墀下僧覩儀觀有異迎上殿上人不可僧固迎不已上自通曰城隍也殿有戒神呵護不敢輕入語罷不見谿廊偶筆

笑巖德寶禪師生長都下受法于玉泉明聰萬曆初居西城之柳巷人罕知者一日有梵僧來參亞身翹袖作種種相師以拄杖畫字隨方荅之僧作禮騰空而去弟子問適來僧問何法師曰此阿羅漢西天秘密語也雲棲袾宏曰予嘗游京師參笑巖于柳巷敗屋數椽殘僧數輩而已其高致可想見今其塔在小西門萬曆十二年立塔銘雲南布政司參政南城羅汝芳所撰也冷然志

趙孟頫大普慶寺碑銘惟上帝降大命于聖元太祖法天啟運聖武皇帝起自朔方肇基帝業以睿宗仁聖景襄皇帝爲之子睿宗躬擐甲胄翦金河南雖不及撫有萬方篤生聖嗣是爲世祖聖德神功文武皇

帝雄畧葢世神武不殺命將出師不再舉而宋平九域分裂者餘二百年一旦一之遐陬荒裔咸受正朔幅員之大古所未有於是治曆明時建官立法任賢使能制禮作樂文物粲然可紀中統至元之間海內晏然家給人足而又妙悟佛乘欽崇梵教慈惠之德洽于人心肆世祖之享國三十有五年施及裕宗文惠明孝皇帝正位儲宮仁孝而敬慎問安視膳之暇順美幾諫天下陰受其賜多矣至元廿二年裕宗陟方未幾順宗昭聖衍孝皇帝亦遽賓天三十一年世祖登遐當是時徽仁裕聖皇后不動聲色召成廟于撫軍萬里之外授是神器易天下岌岌爲泰山之安大德二年武宗撫軍于北今上日侍隆福怡言煦之

摩手撫之擇師取友俾知先王禮樂刑政爲治國平天下之具恩莫大焉四年裕聖上僊皇上追思罔極始建佛殿于大都旣而之國覃懷屬成廟登遐內難將作上馳至京師先事而發殄殲大憝封府庫奉符璽清宮以安太后遣使以迎武宗武宗旣踐阼以上至德偉功不踰月而立上爲皇太子上緬懷疇昔報本之意乃命剏佛宇因其地而擴之凡爲百畝者三鳩工度材萬役並作置崇祥監以董其事其南爲三門直其北爲正覺之殿奉三聖大像于其中殿北之西偏爲最勝之殿奉釋迦金像東偏爲智嚴之殿奉文殊普賢觀音三大士二殿之間對峙爲二浮圖浮圖北爲堂二屬之以廊自堂徂門廡以周之西廡之間爲總持之閣中寘寶塔經藏焉東廡之間爲圓通

之閣奉大悲彌勒金剛手菩薩齋堂在右庖井在左最後又爲二閣西曰眞如東曰妙祥門之南東西又爲二殿一以事護法之神一以事多聞天王合爲屋六百間盤礎之固陛戺之崇題楶之騫藻繪之工若忉利兜率化出人間其工匠之傭悉皆內帑一毫不役于民旣成賜名曰大普慶寺給田地民匠碓磑房廊等以爲常住歲收其入供給所須上旣卽大位崇祥監臣請立石紀事勅臣孟頫爲文謹稽首再拜爲之頌曰皇元應運誕受萬方帝以聖承於前有光明明天子神明八葉德盛功豊富有大業太祖張之世祖皇之天子康之於赫皇武皇武桓桓聖謨孔神神

器斯安粤昔裕聖功在社稷我報之圖天乎罔極惟覺皇氏具大神力人天共依是資福德廼卜陰陽相地柔剛歲吉辰良大匠是將廼斲廼繩築構遄興務殫乃心毋費是懲役者謳歌相厥子來匪民是庸一須國材有岑其宇有踐其廡有楹惟旅金鋪雕礎載瞻聖容端相儼然是依是崇獲福無邊皇帝仁孝永命于天聖子神孫維千萬年 松雪齋集

元世祖廟洪武初建每歲二八月中旬擇日遣順天府官祭嘉靖二十四年罷 明會典

寶禪寺在崇國寺之街西即元大承華普慶寺也成化庚寅供用庫內官麻俊買地治宅掘土得趙承旨碑始知爲寺基乃復建佛殿山門廊廡廚庫悉具聞于朝改

賜額曰寶禪寺立太子少保戶部尚書眉山萬安碑于庭以寺既改額承旨舊碑廢不復存夫承旨書法世所共珍內官惟知少保尚書之文足重于世而不知安之人品汚下見其文者方且唾而不觀咸以不見承旨碑爲憾也 薊丘雜抄

象房弘治八年修葢 工部志

何遷白塔寺偶題朝登百尺臺俯拾金光草隔塵走馬聲知是長安道 吉陽文集

（見元史選舉志二）

日下舊聞卷十四

城市五　北城上

教忠坊十鋪元殺宋文丞相於此地故名　五城坊巷衚衕集

京都未有孔子廟而國學寓他署丞相典元忠憲王完澤喟然曰首善之地風化攸出不可怠乃奏營廟學　元名臣事畧

燕京始平宣撫王檝請以金樞密院爲宣聖廟二十四年既遷都北城立國子學于國城之東乃以南城國子學爲大都路學　元史

至元二十四年既立國學以故孔子廟爲京學而提舉學事者仍以國子祭酒繫銜　元史百官志

時都城廟學既燬于兵檝取舊樞密院地復創立之春秋率諸生行釋菜禮仍取舊岐陽石鼓列廡下　元史本傳

王巨川於灰燼之餘草創宣聖廟以己丑二月八日丁酉率諸士大夫行釋奠禮諸儒相賀曰可謂吾道有光矣　湛然居士集

馬祖常大興府學孔子廟碑昔我太祖皇帝受命興邦金人遜于汴太祖卽以全燕開大藩府制臨中夏維時已有定都之志矣故太宗皇帝首詔國子通華言迺俾貴臣子弟十八人先入就學時城新刳于兵學官攝于老氏之徒世祖皇帝教命下始正儒師復官學廟事孔子歸壖垣四侵地勒石具文作新士子

元代大興府學孔子廟，乃改爲大都路學廟，在南城（金中都舊城）。

至元二十四年既成今都立國子學位於國左又因故廟爲京學京師雜五方俗尹治日不給廟之墻屋弊壞將壓以毀講習之堂麤完泰定三年今大尹曹侯上視廟親祠位皆不如制割稍入爲寮寀倡然後大家富室合貲以聚財者有焉釋子方士分食以它從者有焉施施于于咸樂于成延兩廡五十有二楹締構塗飾工良物辦象從祀諸賢百有五人妥靈惟肖威儀有容又懇請于朝得廪餼弟子員百人受學于師復其身不勞以事於是天下首善之教興焉廟肇自唐咸通中遇遼金燕爲都邑故嘗用天子學制選舉升造與南國角立亦一時之盛也而太宗皇帝當雲雷經綸之世聖訓諄切以德賞喻父師以檟楚

懲子弟饑焉粟肉渴焉酒醴力焉僕使恩義甚備其養賢勸善之誠固已高出百王之上矣世祖皇帝立極作則人文宣明登用儒臣躬親講學故當時勳賢之裔以及宿衛之臣罔不以揖讓俎豆之爲懿顓蒙昏愚之爲恥也而三代國學黨庠遂序家塾之等秩然羅列于上下才學經術用世之士踵武而出暨仁宗皇帝賓興大比四方舉進士凡登賢書策名禮部者京師屢倍于外郡非列聖仁涵義揉百年之禮樂文物推而致之歟燕自虞夏爲武衛之服召公之化尚矣昭王築臺以徠賢士鄒衍樂毅劇辛至有稱于世韓嬰以詩易爲一家師孔頴達博綜五經卓然庶幾醇儒今多士游歌在庭摳衣在廟時見魯鄒之美

矣若嬰頴達宜所不道矧衍穀辛之徒哉夫儒者之學詩書六藝之文以至施之天下之道無有二也後世教不興家異人殊各溺于所習以相詆訾由上之教無以一之也嗟夫古者小學大學之師弟子之傳皆本于道德仁義之實著於詩書六藝之文非有教有授則不敢以傳也傳焉而龎雜不經則上有刑也是故風淳而氣同由上文教有以一之也而王國多士逢文明之會肄業有學學有師春秋禮其先聖先師者又有廟有位入有食以處出有貴于衆所以報稱列聖教化之德而應賢侯承宣之志者必彈冠而起矣提舉學事崔君中教授賈良弼正張楨錄司視以狀請曰廟之成前尹馬思忽實能始之今尹曹偉實能終之經歷王孝祖薛讓警廵按院兀都蠻使李權且能考工于下也余既爲言正兗郕沂鄒四公配食東鄉位其來請遂爲銘詩不辭詩曰皇元有赫奄受大國于月之嵎于日之域京邑翼翼莫不來極寻

誕敷文德新都有嵯辟雍峩峩璂弁之瑳濟爾象儀鍧爾絃歌新宮則那舊廟如之何皇帝在御百度咸若海輸維柟河浮厥栢是尋是斵虡庠嶽嶽式光我上國至聖儀儀元紘龍衣衍我先師既右享之釆茆于地薦此明犧用介我蕃鼇蕃鼇伊何彼美多士克明克類克諒厥事以登膴仕以媚于天子有鎜華鐘路鼓逄逄言燕于公有翼有顒多士既同大府是庸維曹侯之功曹侯闓闓廼承廼宣御劇廼專虡廷連

達王士安安祇國維賢天子萬年 石田集

順天府學在府東南洪武初建爲大興縣學永樂初以爲府學正統十一年重修 明一統志

順天府學故報恩寺也元末有僧遊湘潭募造報恩寺尚未安像明師下燕戒士卒毋得入孔聖廟僧倉皇借宣聖木主置殿中後不敢去遂以爲學其地元之柴市也文文山授命焉東有祠西有館曰教忠再西有坊曰育賢 春明夢餘錄

永樂元年五月禮部言舊制應天府設學不設上元江寧二縣學今既設北京國子監以順天府學爲之革大興宛平二縣學而以大興縣學爲順天府學其順天府及二縣生徒通經能文者令充北京國子監生其餘皆

充順天府學生從之 成祖實錄

至元十六年帥臣張洪範執文天祥至大都囚之上屢欲赦出相之不從十九年十二月初九日戮于燕南城柴市 中堂事紀

天祥北行十月至燕館供帳如上賓天祥義不寢處坐達旦四日張洪範至具言不屈狀五日送兵馬司械繫空宅中十餘日解手縛又十餘日得疾十二月去械猶繫頸自是四年其爲詩有指南前錄三卷後錄五卷集杜二百首皆有自序 劉岳申文信公傳

公至柴市觀者萬人公問市人曰孰南面或有指之者公即向南再拜索紙筆書二詩云昔年單舸走維楊萬死逃生輔宋皇天地不容興社稷邦家無主失忠良神

歸嵩岳風雷變氣吐烟雲草樹荒南望九原何處是塵
沙黯澹路茫茫衣冠七載混旃裘憔悴形容似楚囚龍
馭兩宫崖嶺月貔貅萬竈海門秋天荒地老英雄喪國
破家亡事業休惟有一靈忠烈氣碧空長共暮雲愁是
日大風揚沙天地晝晦公既死世祖臨朝歎曰文丞相
好男子不肯爲吾用殺之誠可惜也是後連日陰晦宫
中自晝或秉燭行適張眞人來朝世祖問之對曰此殆
殺文丞相所致也乃贈公特進金紫光祿大夫開府儀
同三司檢校太保中書平章政事廬陵郡公謚忠武令
僉樞密院事王積翁書神主洒掃柴市設壇祀之丞相
孛羅初行奠禮狂飈旋地起卷主入雲中孛羅等改書
前宋少保右丞相信國公天始開霽 趙弼文信公傳

江南十義士舁公藁葬都城小南門外五里道傍大德
二年繼子陞至都順城門內見石橋織綾戶婦公舊婢
緑荷也爲陞語劉牢子乃引到葬處大小二僧塔其大
塔小石碑刻信公二字遂以歸葬廬陵 帝京景物畧

文丞相祠國初北平按察司副使劉崧立 名勝志

永樂六年太常博士劉履節奉命正祀典謂天祥忠于
宋室而燕京乃其死節之所請祠祀從之祠堂三楹前
爲門又前爲大門祠之西爲懷忠會館江右士夫歲時
集會于此以祭公者也宣德四年保定李庸爲府尹重
拓其祠信國所著有日録吟嘯集指南録集杜詩並刊
板祠中 春明夢餘録

宣德二年二月遣順天府官祭宋丞相文天祥歲爲例

歲仲春仲秋有司陳設爵三果五帛一羊一豕一祝文曰皇帝遣順天府尹某致祭于宋丞相信國文公曰鄉昔宋臣以身殉國忠義大節炳若日星時維仲春秋庸伸常祀鄉其有知尚克享之 嘉靖祀典

歷代忠臣廟皆府尹致祭凡祭必用祭服獨此用常服 湧幢小品

正統十三年十二月順天府尹王賢奏宋丞相文天祥故元時塑以儒士像今宜考究宋時丞相冠服改塑從之 英宗實錄

鄧剡贊曰煌煌兮踈星曉寒氣英英兮晴雷殷山頭碎柱兮璧完血化碧兮心丹嗚呼孰謂斯人不在世間 中齋稿

甘瑾讀文丞相傳作萬里氷天泣楚冠南雲歸計路漫漫尚圖一旅興王易不念孤兒立國難樓櫓海門西日暗劍歌江介朔風寒九京痛憶遺編在千載奸諛掩面看 明詩綜

黃仲昭謁文丞相祠詩故宮芳草泣銅人滄海樓船是紫宸赤手欲擎西墜日丹心誓掃北來塵山河萬里雙垂淚廟宇千年獨愴神翹首燕山知幾仞至今高節共嶙峋 未軒集

章懋謁文丞相祠詩元宋興亡迹已陳忠臣祠宇尚如新夕陽古樹烟猶暝夜雨荒堦草自春慷慨六歌空灑泪間關百戰竟捐身穆陵地下應含笑不負臚

傳第一人楓山集

顧清謁文山祠詩碧殿長松鎖十尋晚雲將雪助蕭森貂蟬不改匡山制金石疑聞孔壁音南去星潮嗟往事北來祠廟豈公心春風一掬唐衢淚幾爲先生濕短襟東江集

歐大任謁文信國祠憶昔南冠日匡山恨未忘魂沉柴市月淚盡薊門霜白雁迦江草黄龍逐海航中原冠劍在歌舞待巫陽歐虞部集

葉向高謁文丞相祠辭曰余夙觀夫載籍兮心傺侘而欝紆嗟信國之逢殃兮中情要眇其焉如曰余留覽乎皇之都兮瞻元宮之岋嶫循周垣而延佇兮涕淫淫其交睫惟宋室方舍夫夷庚兮猰貐下而噬齊民夜昏昏其未央兮旦又重之以晦冥蘭艾雜糅而不分兮駑騎竝道以爭馳彼靈瑣之莫懲兮厥宗忽然而賈之荃服敦瘁以祗辟兮紛獨有此姱節介忠冑信兮欲鞭焚輪而埽狂孽何時命之蹇寒兮羌抑志而逢殃雖顛頓吾猶未悔兮諒余情其信芳技巳殫而力巳極兮憯昊天之莫顧終俯首而受維兮悲窘步于中路衷慅慅以邅悶兮悄見愠乎魑魅下天耿而不見天兮上又當乎飂戾之衝飈荃畢命而抵節兮更申申其詈之曰夏商周之忽沒兮競逐鹿而喪馬羌孰讐而孰君兮爾何懷乎故社豈荃心之忍聞兮掩吾耳而欲走也甘蹈刃以如飴兮亦明哲之所厚也嗟大廈之既顛兮狂瀾傾而誰柱諒昭質其

未虧兮安能忍與此終古羣摩牙吮血以相向兮羌了可以久留乃遂焉而逢殃兮濫駕言乎焉遊驅玉虬而乘翳兮張孔蓋而拂翠旌奄靈衣之披披兮曰余從夷齊于首陽之陘神遻遻其高馳兮氣耿耿而成虹叫帝閽猶未闢兮極勞心之慅慅帝感荃之精誠兮命神龍奮而驅之廓日月而重朗兮固荃心之所求阽微軀而危死兮孰與夫忍辱而攘尤荃既畢此願兮辭閶風而來下蓀房邃以岧嶤兮搴芳洲之杜若余薦沆瀣以醽醴兮羞瓊靡以匏麃爰哀絃于太娥兮涓延和之以清商靈蕭蕭而若覿兮冀囘熿燭乎余誠跪於邑以陳辭兮勃颼颸而風生陳辭兮未終靈倐舉兮雲中渺余思兮無極悵四海兮安窮悲乎哉狂瀾潰兮夫誰能以不波綱常墜兮微哲人兮柰何 蒼霞草

李廷機謁文丞相祠辭余相觀此下土兮紛逢世而得路何先生之嫮質兮丁季宋以窘步當皇輿之攺績兮魚羊張其莫抗岌大命之將泛兮乃鞿羈以右相編虎鬚幾不免兮傷浮海之踉蹌晝伏宿莽而顑頷兮夕餐樵之餘粻仍披草而求君兮梁一木以支厦夫豈不知戞戞之無益兮眷而不能舍也既呼江淮之雄駿兮又糾南土之鋭師礪鈎棘與長鎩兮振鉦鼓與旆旗冀一成三戶兮尚祀夏而興楚將斲木而塡海兮頻揮戈以延晷何先生之恂固兮空爲此紆軫也豈其有他故兮不忍宗周之隕也憯昊天之

莫顧兮既殫技而竭力殲夫厥家兮又身被于維縶縱欲殺而不忍兮懷糞壤而要之荃不察夫中情兮更申申其詈之曰覽女其猶未悔兮終然殀乎坰之野羌解縛而相兮爾何懷乎故社豈先生之忍聞兮願依前修之遺則初既有夫成言兮詎中道而可食猥屈心而抑志兮徒貪生而處穢寧伏鑕而就鑊兮不忍爲此態也身纍纍其見幽兮日翳翳以將夕忳鬱邑其侘傺兮歌聲猶出夫金石雖九死其不回兮焉能忍與此終古孔壬見其如此兮衆興心而嫉妬乃遂焉而逢殃兮直如飴而受之雖萎絕其何傷兮耿昭質其亦未虧緊先生之顛沛兮豈其心之所懲鑄楚鐵以爲肝兮鍊越石以爲腸嗟人生之不百年

兮何巇嶮之易逼蓋有捐之而修兮有顧之而促雍門刎而死越兮莫敖瞋而入吳蓋自古而有之兮匪先生獨罹乎此辜既死賢于生兮又舍是將焉索彼忍詬而苟存兮寧不爲之泚顙睠先生之遺祠兮歷春雨而秋霜雲油油其長垂兮蘭總總其猶芳余何爲而太息兮感先生之義也跪敷衽以陳辭兮亦表予之志也李文節公集

楊士奇文丞相祠記北京之有公祠洪武九年前北平按察副使劉崧始建于教忠坊今順天府之右而作塑像焉永樂六年太常博士劉履節奉上命正祀典始有春秋之祭于有司歲以順天府尹行事宣德四年府尹李庸遵旨葺而新之東里集

韓雍請謚文信公疏竊見宋丞相少保信國公文天祥弱冠立朝臨危許國志專恢復屢折挫而不移心切匡時蹈艱危而不變旣而國亡被執繫獄累年誘之以大用而不從脅之以刀鋸而不屈卒之南向再拜殺身成仁收三百年養士之功立千萬載爲臣之極有指南錄以著其忠愛有集杜詩以寄其憂傷其精忠大節與日月爭光與天地悠久誠足以正人心而扶世道也顧於歿後贈謚未加實爲缺典乞勅禮部翰林院儒臣考議加以贈謚錄其子孫并將順天府學之西天祥祠堂遺像改塑丞相冠服仍令有司春秋祭祀其於綱常誠非小補韓襄毅公集

信公至景泰中賜謚忠烈人多不知羅文恭公集

崇禎十七年三月戊申左都御史李邦華縊于文丞相祠甲乙彙畧

三月十八日賊破外城李公移宿吉安館文信公祠下烹賜家祀信公詰朝內城陷奔赴大內闕門閉歸館沐浴整衣冠北面再拜三揖信公曰邦華鄉邦後學合死國難請從先生于九京矣取白縑書贊繫腰間曰堂堂丈夫聖賢爲徒忠孝大節誓死靡渝臨危授命庶無媿吾君恩莫報鑒此癡愚縑尾書人生自古誰無死留取丹心照汗青之句囑家人護總憲印繳還朝廷勿汙賊手移席正直持束帛繫信公坐楣投繯而絕三月十九日辰時也有學集

吳少常麟徵以壬戌登第嘗夢一人叉手向背吟文信

國山河破碎風漂絮身世浮沉雨打萍之句問之途人云是處士劉宗周時尚未識劉是年劉以儀曹董南宮役相對爽然崇禎末吳與劉同出而劉先罷歸吳遂死難越二年宗周在里亦不食死山河破碎至此方驗三垣筆記

陳侍御良謨按蜀回夜夢拜文山于堂下文山揖之起曰公與予先後人品相同何下拜爲後果殉難同上

普德寺俗呼大佛寺建置歲月無碑記可考析津日記

大興縣金名也本秦薊縣地縣治在北城教忠坊名勝志

大興秦薊縣漢爲廣陽國東漢爲郡兼立幽州仍爲薊縣晉屬燕國元魏亦爲幽州立燕郡隋爲涿郡唐爲幽州治所開元二十三年陞爲望縣建中二年析西界置

幽都縣五代亦爲薊縣石晉割地予遼遼爲幽都府開泰元年更縣爲析津金得之割以遺宋宣和七年復歸金天德五年改爲大興縣元與宛平同爲赤縣洪武中屬北平府倚郭縣清類天文分野之書

白馬祠昔慕容氏都燕羅城有白馬前導因以爲祠元混一方輿勝覽

關帝廟在皇城北安門東者曰白馬廟隋基也姚彬盜馬廟在三里河天壇亦隋基也春明夢餘錄

葛邏祿迺賢白馬廟詩祠宇當城角霜蹄刻畫眞房星何日墜駿骨自能神曾蹴陰山雪思清瀚海塵長疑化龍去騰躍上雲津金臺集

崇教坊十四鋪有天聖寺淨居寺極樂寺崇興菴五城坊巷衚衕集

極樂寺在崇教北坊元至元間建開元寺在崇教南坊俱有勅建碑順天府志

都城東北隅坊曰崇教街曰成賢國子監在焉國初本北平府學永樂二年改國子監左廟右學規制大備彝倫堂之松元許衡手植也廟門之石鼓周宣王獵碣也帝京景物畧

元太宗即位之五年新建國子學于燕京御製宣諭二通其一通諭奪羅䚟等及十投管彖等官方是時遣蒙古子弟一十八人來習漢人語言文字復揄漢人子弟二十二人習蒙古言語弓箭命提領陳時可擇二名儒管勾并主守孔子廟道人馮志亨選秀士二人通儒道人二人分作四牌子教讀不率教者以簡子量筆之更權用燕京真定曆日銀建立夫子廟兩廡及肄業之舍其子弟日給米一升麪如之肉一斤晚同給酒一缶家粮之給亦一升土著者皆不與又於降戶每人撥小蒼頭一名以奉使令此蛇兒年六月初九日所須也其一通諭受學子弟員習漢人文書之外兼諳匠藝事及藥材所用彩色所出地里州郡所紀下至酒醴麴糵水銀之造飲食烹飪之制皆欲周覽旁通仍戒飲酒不可有違恒度而於習講尤諄諄也所須之年月與前同不書何日意稍後於前亦不過旬日爾後十六年當定宗崩之明年己酉十月望日夫子廟住持賜紫知觀李志元

宋濂作此文在元亡以前。

始韓樂石令重元子葛志仙刋置學中其左方序列四教讀弟子名蒙古必闍赤自札古魯兵以下凡十九人漢人必闍赤自文宣奴而下凡二十八人所謂必闍赤者譯言書生也其數比舊有所加者續有慕效而來者耳又列羅劉二通事不著其名又列宣授蒙古必闍赤四牌子總教馮志亨宣授金牌提舉國子學事中書楊惟中御前宣議國子學事仙孔八合識李志常三人銜名所謂八合識譯言師傳也惟中郎楊文肅公從事征行勞烈甚著餘若志元志先志常則皆黄冠師當時制尚淳質混儒道二者爲一不復異別有合于老易同用之旨厥後元勲碩輔頗有爲道家所薦而起者濂謹按蛇兒年六月九日正金哀宗天興二年癸巳六月壬午

也金自宣宗以貞佑二年五月壬午遷汴三年五月庚申燕京入我職方至是垂二十載立學以教冑子固惟其時然竊獨惟是年王師南征圍汴蹴蔡決策制勝日不暇給而太宗乃以教育英才爲先務而其爲教又能達事理不差鑿鑿見諸實用神謀睿算度越前王天縱之聖爲不可及已列聖有作益修成均養士之制百年以來遂用人文化成天下茲蓋其權輿者歟石刻今藏京師與御賜宣聖玉斝皆提舉學事者司之每當代去出以相傳且繫其名于籍非惟不忌其本先蓋亦慎之至也濂因得而備述俾覽者知祖宗垂意學校文運之興殆非一日而纂修史臣或得以參攷焉 潛溪集

至元六年七月立國子學二十四年閏二月設國子監

姚長者仲實河南人至元中爲京敎監局使遷眞州三務使棄官還京師累貲巨萬天子建辟雍獻美木十章米五十斛織金帛二端役夫羊裘九十襲雪樓集

程鉅夫國學先聖廟碑皇慶二年春皇帝若曰我元嗣百世之統建萬民之極誕受厥命作之君師世祖混一區宇亟修文教成宗建廟學武宗追尊孔子所以崇化育材也朕纂丕圖監前人成憲期底于治可樹碑于廟詞臣文之臣某拜手稽首奉詔言曰臣聞邃古之初惟民生厚風氣漸靡聖人憂之越有庠序學校之制天下之治胥此焉出中統二年以儒臣許衡爲國子祭酒選朝臣子弟充弟子員至元四年作

都城晝地宮城之東爲廟學基二十四年備置監學宮元貞元年詔立先聖廟久未集大德三年春丞相臣哈剌哈孫荅剌罕大懼無以祇德意乃身任之飭五材鳩衆工責成工部郎中臣賈馴馴心計指授晨夕匪懈工師用勸十年秋廟成謀樹國子學御史臺臣復以爲請制可至大元年冬學成廟度地頃之半殿四阿崇尺六十有五廣倍之深視崇之尺加十焉配享有位從祀有列重門脩廊齋廬庖庫爲楹四百七十有八學在廟西地孫于廟者十之二中國子監東西六館自堂徂門環列鱗比通教養之區爲間百六十有七制加孔子大成之號祠以太牢肇釋奠雅樂江南復戸四十肆之春秋二祀先期必命大臣攝

事皇帝御極陞先儒周敦頤程顥程頤司馬光張載邵雍朱熹張栻呂祖謙許衡從祀廣弟子員爲三百進庶民子弟之俊秀相觀而善業精行成者歲舉從政又詔天下三歲一大比興賢能于是崇宇峻陛陳器服冕聖師巍然如在上教有業息有居親師樂友諸生各安其學咸曰大哉天子之仁至哉相臣之賢工曹之勤其知政治之本源矣雪樓集

吳澄賈侯修廟學頌世祖皇帝既一天下作京城于大興府之北其祖社朝市之位經緯塗軌之制宏規遠謀前代所未有也至元二十四年設國子監命立孔子廟肆順德忠獻王哈剌哈孫相成宗始克繼先志成其事而工部郎中賈侯董其役廟在東北緯塗

之南北東經塗之東殿四阿崇十有七仞南北五尋東西十筵者三左右翼之廣亦如之衡達於兩廡兩廡自北而南七十步中門崇九仞有四尺修半之廣十有一步門東門西之廡各廣五十有二步外門左右爲齋宿之室以間計各十有五神厨神庫南直殿之左右翼以間計各七殿而廡廡而門外至於外門內至於厨庫凡四百七十有八楹肇謨於大德三年之春訖功於大德十年之秋于時設官教國子已二十年矣寄寓官舍不正其名丞相以爲未稱興崇文教之實也乃營國學於廟之西中之堂爲監前以公聚後以燕處旁有東西夾夾之東西各一堂以居博士東堂之東西堂之西有室東室之東西室之西有

庫庫之前爲六館東西嚮以居弟子員一館七室功
教居中以涖之館南而東而西爲兩塾以屬于門屋
四周通百間踰年而成不獨聖師之宮巍然爲天下
之極而首善之學亦偉然聳天下之望遠邇來觀靡
不驚駭嘆羨其高壯宏敞葢微丞相其孰能贊承聖
天子之德意而微賈侯亦孰能闡張賢宰相之盛心
哉侯名馴字致道濟南鄒平人至大四年三月朔國
子監丞吳澂敘詩曰於赫皇元澤彌八埏翼翼京師
風化攸先孔道昺明千古日月帝曰廟之以對光烈
顯允龐臣欽輔神孫祖訓是承往聖是遵相謂而馴
而職而職乃基乃構乃變乃甓侯祗相言弗懈以虔
新宮巍巍有卓其騫宮墻之西學官爰作我宏爾居

爾懋爾學爾士來遊四方具瞻爾則匪遥像貌聿嚴
恂恂賈侯克敦克敏孰挫其廉孰混其畛一正不阿
百折不回族斯糾紛剸之恢恢廟學之崇天子之德
丞相之功賈侯之力 吳文正公集
陳旅國子監營繕官舍記至順三年春南陽孛术魯
先生以集賢直學士兼國子祭酒監有隙地在居賢
坊大德中有司議以建學餘力築屋以舍師儒不果
也明年五月以中統楮泉二萬餘緡筮吉日籌工度
費除地坊北畫爲四區區各立屋五間中三間爲居
室旁兩間爲庖官具饔之所宅之門以東西門之街
以南北街北距通衢立大門街南美壤可藝蔬東淩
井西置屋居隸者使掌大門之管以贏貲治舊宅二

匽之在坊中者其西圯甚易敗椈腐焱補以新瓦而塈塗之旁起屋如北坊之制東宅西偏作室象舟可居栞書東南作見賓之室曰賓菴七月經始九月成 安雅堂集

中統元年許衡爲國子祭酒未幾謝病歸至元八年以集賢大學士兼國子祭酒帝親爲擇蒙古弟子俾教之衡聞命喜曰此吾事也 元史本傳

至元八年先生授集賢大學士國子祭酒有旨教蒙古生四人後又奉旨教七人又及四方及部下願受業者俱得預其列即南城之舊樞密院設學先生奏召舊弟子散居四方者王梓韓思永蘇郁耶律有尚孫安高凝姚燧及其弟燉劉季偉呂端善劉安中白棟皆驛致館

下爲伴讀 國學事跡

先生之教人也恩同父子義若君臣因其所明開其所蔽而納諸善時其動息而張弛之愼其萌蘖而防範之其日漸月漬不自知其變也日新月盛不自知其化也其言談舉止望而知其爲先生弟子卒皆爲世用也 考歲畧

皇慶元年二月朔徙大都路學所置周宣王石皷于國子監二年六月建崇文閣于國子監 元史仁宗紀

吳澄崇文閣碑國朝以神武定天下我世祖皇帝以武之不可偏尚也廣延四方耆碩之彥與共謀議遂能裨贊皇猷修舉百度文治浸浸興焉中統間命儒臣教胄子至元間儲監學宮成宗皇帝光紹祖烈相

臣哈喇哈孫欽承上意作孔子廟于京師御史臺言胄子之教寄寓官舍隘陋非宜奏請孔廟之西營建國子監學以御史府所貯公帑克其費逮至仁宗皇帝文治日隆僉謂監學櫝藏經書宜得重屋以庋有旨復令臺臣辦集其事乃于監學之北構架書閣閣四阿檐三重度以工師之引其崇四常有一尺南北之深六尋有奇東西之廣倍差其深延祐四年夏經始六年冬績成材木瓦甓諸物之直工役飲食之費一皆出御史府雄偉壯麗煥然增監學之輝名其閣曰崇文英宗皇帝講行典禮賁飾太平文治極盛矣臺臣請勒石崇文閣下用紀告成之歲月制命詞臣撰文臣澂次當執筆今上皇帝丕纂聖緒動遵世祖

成憲于崇儒重道惓惓也泰定元年春誕降俞音國子監立碑如臺臣所奏臣澂謹錄所撰文以進臣聞若古有訓戡定禍亂曰武經緯天地曰文武之與文各適所用然戡定禍亂用于一時而已經緯天地則亘古亘今不可無也何也日月星辰天之文也山川草木地之文也人文與天地相爲經緯則亦與天地相爲長久而可一日無也哉我世祖忽忽用武日不暇給而汲汲崇文惟恐或後此其高識深慮度越百王宏規遠範垂示萬世以爲聖子神孫法程夫豈常人所能測知蓋創業之初非武無以弭亂守成之後非文無以致治武猶毒藥之治病病除卽止文猶五穀之養生無時可棄也有文治之君必有文治之臣

文治之臣苟非教習之有其素彼亦惘然孰知文之所以爲文者故建學以興文教暢文風涵育其人將與人主共治也斯文也小而修身齊家大而治國平天下言動之儀倫紀之敘事物理義之則禮樂刑政之具凡燦然相接煥然可述皆文也古聖賢用世之文載在方册不考古人之所以用世不知今日之所以爲世用者也然則聖朝之崇文豈虛爲是名也哉閣之所庋古聖賢之文也立之師使之以是而教設弟子員使之以是而學教之而成學之而能則游居監學者濟濟然彬彬然人人閑于言動之儀習于倫紀之敘博通乎事物理義之則詳究乎禮樂刑政之具他日輔翊吾君躋一世文治于堯舜三代之盛由

此而選也夫如是其可謂不負聖天子崇文之明命休德已若夫不能潛心方册眞有得于古聖賢之所謂文而涉獵乎淺末炫燿乎葩華曾是以爲文乎上之所崇下之所以爲世用者蓋不在是 吳文正公集

陳璉登崇文閣歌巍巍乎高哉崇文之閣兮吾不知其幾百尺突兀亘倚蒼冥中離簷高飛近曉日瓊牕洞啟來清風前瞻兮帝闕下顧兮辟雍京畿鬱兮千里五雲近兮九重太行西來兮迤邐居庸北拱兮龍嵸峯巒遠近其環峙削出朵朵金芙蓉是中奇勝甲天下何況此地名儒宗圖書浩瀚紛莫數文光夜吐猶晴虹漢家天祿不可以復見幸喜斯閣之高崇值校文之多暇日徙倚而從容爰扶輿磅礴之奇秀兮

呼吸盡使歸心胷闌干笑拍飛鳥上豪氣不滅陳元龍俯視十二衢車馬塵濛濛欲招太白老更約東坡翁葡萄酒傾瑪瑙甕日醉三百玻璃鍾人間亦自有勝境何必飛度扶桑東 琴軒集

延祐元年四月立回回國子監 元史仁宗紀

延祐七年四月罷回回國子監 元史英宗紀

至正十五年六月中書叅知政事實理門言舊立蒙古國子監寺教四怯薛并各愛馬官員子弟今宜諭之依先例入學俾嚴爲訓誨從之二十年十月朔甘露降于國子監大成殿前柏木 元史順帝紀

國子監候日影到堂後梨樹散學 金臺集

虞集國子監後圃賞梨花樂府序至大庚戌之仲春

大成殿登歌樂成時雨適至我司業先生樂雅樂之復古顧甘澤之及時於是乎賦喜雨之詩推本歸功于成均之和迺三月辛巳國子監後圃梨花盛開先生率僚吏席林臺之上尊有醴盤有蔬肴核雜陳勸酬交錯飲且半命能琴者作古操一闋禽鳥翔舞雲風低廻先生於是歌木蘭之引以寓斯文之至樂而泳聖澤之無窮也明日僚友酌酒而賡之又明日諸生之長酌酒而賡之氣和辭暢洋洋乎盛哉虞某起言曰古之教者必以樂故感其心也深而成其德也易命大夫者猶與之登高賦詩而觀其能否兹事不聞久矣今吾師友僚佐乃得以講誦之暇從容詠歌庶幾乎樂而不淫者亦成均之義也命弟子緝錄爲

、明史英宗紀：「正統九年三月朔，新建太學成，釋奠于孔子。」此或誤記爲正月。

卷以貽諸好事可覽觀焉謹序 道園學古集

宣德四年八月修北京國子監大成殿前兩廡 實錄

宣德七年四月北京國子監請以監之東金吾等三衛草場二所爲諸生搆房舍其地給本監種蔬以供會饌從之 同上

明宣宗國子監箴翼翼京都巖巖學宮首善之地是維辟雍四方髦士來遊來學業之所專詩書禮樂學必有師爲士承式祭酒司業曁乃衆職師道克惇士乃有成俊乂奮興爲國之禎咨爾爲師敬爾儀則以教以率罔懈朝夕咨爾爲學明善誠身克智與能匪敬弗臻俗化所自賢才所出其于國家甚重而切勗爾師生咸篤于誠無忽于行式觀厥成 宮箴

先是太學因元之陋吏部主事李賢上言國家建都北京以來佛寺時復修建太學日就廢弛舉措舛錯何以示法天下請以佛寺之費修舉太學從之正統九年正月太學成上臨視祗謁先聖行釋奠禮退御彝倫堂命祭酒李時勉進講 國朝典彙

英宗御製重建太學碑畧北京故有學在宮城之艮隅庳隘弗稱正統八年秋命有司撤而新之明年春成朕躬釋奠于先師循古典也退卽學之彝倫堂命儒臣講經公卿大夫百執事之臣縫掖之士兵衛之帥拱侍而聽殆以萬計已而有司請如故事紀其成于碑敬書貞石昭示後人 實錄

國子監在京城東北隅景泰中御史程璥請於東長安

街之南改剏基址不允國史唯疑

弘治改元駕臨太學有聖駕臨雍錄一卷具載勅旨奏章禮儀文移講議官職等事百川書志

兩京孔子廟易琉璃瓦自萬曆庚子始從司業傅新德請也國史唯疑

崇禎十四年重修太學成八月車駕臨雍祭酒南居仁坐講皐陶謨司業羅大任講易咸卦命文武官三品以上俱坐聽賜茶講畢上入敬一亭觀世宗所立程子四箴碑遂傳禮部將廟學諸碑俱摹榻進覽又石皷文殘闕亦令察補進呈三朝野史

國子監在城東北郎元之舊學洪武改爲北平郡學永樂仍爲國子學又改爲國子監正堂七間曰彝倫堂元之崇文閣也中一間列聖幸學俱設坐于此上懸勅諭五通東一間祭酒公座面南司業座面西堂前爲露臺臺南中爲甬路前至太學門長四十三丈聖駕臨幸由之東西爲墀諸生列班于此後堂三間東講堂三間西講堂三間藥房三間折而東爲繩愆廳三間鼓房一間率性堂誠心堂崇志堂各十一間博士廳三間鐘一間修道堂正義堂廣業堂悉如率性堂六堂乃諸生肄業之所東折而南爲廊房九間門一間西亦如之太學門三間門東勅諭碑一通洪武十五年申明學制一通洪武三年定學規碑一通洪武初年欽定永樂三年申明學規碑一通洪武十六年并三十年欽定廟學圖一通廟學規制地界四至丈尺勅正統十二年十一月初四

日立外西東井亭一又東爲持敬門以入廟自中少北爲儲門以通啓聖祠土地祠及典簿典籍掌饌廳倉庫之路祭酒東廂亦由此入西井亭一又西爲退省號門自西少北爲廣居門以爲司業入廂諸生入號之路堣內雜植槐栢共二十株前爲集賢門三間門前爲通衢東西牌坊各一題曰國子監監衢東西牌坊各一題曰成賢街彝倫堂後齋明所九間格致誠正號每號計三十七間嘉靖七年作敬一亭御制聖諭共碑七座前爲大門題曰敬一之門祭酒廂房在亭東司業廂房在亭西會饌堂一所在監東北土地祠五間在饌堂門之右典籍廳五間在饌堂門之左典簿廳三間掌饌廳五間退省號及廣居門之西爲天地人智仁勇文行忠信規矩準繩紀綱宏度凡一十八號并退省房三連混堂淨房各一所 春明夢餘錄

國初高麗遣金濤等四人來入太學洪武四年濤登進士歸國其後各國及土官亦皆遣子入監監前别造房百間居之名王子書房有奏歸省者命禮部厚賜以榮其歸今太學前有交趾號房蓋成祖設北監以來所以處交趾官生者 長安客話

國初國子生仕進在科第之上其未仕時自出使歷事之外又有大本堂讀書武英殿紀事等清要之責故士出此途者多矣 暇老齋雜記

正統十一年太師英國公暨侯伯二十餘人早朝畢奏曰臣等皆武夫不諳經典願賜一日假詣國子監聽講

上命以三月三日祭酒李先生時勉命諸生立講五經各一章講罷設酒饌飲甚懽先生命諸生歌鹿鳴之詩賓主雍雍抵暮而散亦太平盛事也 寓圃雜記

唐僧洛陽亞栖草書得張顛筆意草書千文在國子監 格古要論補

趙文敏公臨王右軍樂毅論黃庭經蘭亭定武本顏魯公爭座位帖張平叔金丹四百字五碑俱在北京國子監 考槃餘事

唐太宗問蘭亭眞蹟在僧辯才處特遣御史蕭翼賺得武德四年收入秦府貞觀十年始命湯普徹馮承素諸葛貞歐陽詢褚遂良臨之而歐褚兩傳最著後之所謂定武本歐所臨也所謂唐絹本褚所臨也定武本當時

刻石禁中每紙已直萬錢迨後石晉之亂契丹輦之而北路棄殺胡林慶曆中李學究得之其子負官緡無償時宋景文守定武乃以帑金代償納石于庫熙寧間薛師正出牧刊一別本以應求者此郡眞贋已有二刻矣其子紹彭又摸之他石潛易古刻又剔損古刻湍流帶左右五字爲識大觀中詔向其子嗣昌取龕宣和殿後靖康之亂金人取石鼓及蘭亭敘重輦至燕石鼓在國學而蘭亭不知所在矣今存國學者疑是定州薛師正翻刻本或薛紹彭所刻本雖非古刻然元人不能也此石一云明初出天師菴土中一云元順帝北還重輦裹載棄之于路徐中山取置國學未詳孰是 春明夢餘錄

北京國子監版書有喪禮一千二百八十二片類林詩集六十二片西林詩集三十片青雲賦五十片字苑撮要一百二十七片韻畧四十五片珍珠囊八十二片玉浮屠十七片孟四元賦一百十三片　天下書目

昔人好取華麗字以名類事之書如編珠合璧彫金玉英玉屑金鑰金匱寶海寶車龍筋鳳髓麟角天機錦五色線萬花谷青囊錦帶玉連環紫香囊珊瑚木金鑾香藥碧玉芳林之屬未能悉數聞國學鏤版向有玉浮圖不知何書當亦屬類家也又有孟四元賦孟名宗獻字友之自號虛靜居士金時魁于鄉於府於省於御前故號四元其律賦爲學者法然金史不入文苑之列惟見于劉京叔歸潛志耳　渌水亭雜識

永樂二年三月命工部建進士題名碑于國子監命侍讀學士王達撰記題名碑有記始此　憲章錄

永樂十三年令立石北京國子監　登科考

進士題名碑原在國子監大成門下正統間移于太學門外　國朝典彙

景泰二年五月左春坊左諭德管國子司業事趙琬奏進士題名立石大成門下俾諸生出入皆得瞻仰誠激勸後學之意正統間移于太學門外風雨飄淋易於損壞乞勅工部造屋覆蓋以圖經久從之　實錄

天順七年八月久雨壞國子監碑亭仆進士題名碑五通上命有司修碑亭并竪其碑　英宗實錄

明永樂十三年始會試天下舉人于北京登科考謂是

年卽令立石國子監然今無有存之自宣德五年始六館日抄下同

永樂十三年乙未陳循榜十六年戊戌李騏榜十九年辛丑曾鶴齡榜二十二年甲辰邢寬榜宣德二年丁未馬愉榜無太學志辛丑楊榮撰文甲辰丁未楊士奇撰文

宣德五年庚戌林震榜太子少保禮部尚書兼武英殿大學士金幼孜撰文禮部精膳司郎中陳景茂篆書

宣德八年癸丑曹鼐榜禮部尚書兼翰林學士楊溥撰文禮部郎中黃養正書

正統元年丙辰周旋榜碑無太學志王直撰文

正統四年己未施槃榜翰林院學士錢習禮撰文太常寺少卿兼翰林院侍書程南雲書

正統七年壬戌劉儼榜碑無太學志陳循撰文

正統十年乙丑商輅榜翰林院學士經筵官曹鼐撰文中書舍人程學書

正統十三年戊辰彭時榜工部右侍郎兼翰林院侍讀學士苗衷撰文中書舍人黃采書

景泰二年辛未柯潛榜少保兼太子太傅戶部尚書文淵閣大學士陳循撰文太常寺少卿王謙書

景泰五年甲戌孫賢榜少保兼太子太傅戶部尚書文淵閣大學士陳循撰文吏部考功司郎中蕭[illegible]書

天順元年丁丑黎淳榜吏部尚書兼翰林院學士知制誥李賢撰文順天府丞余謙書

天順四年庚辰王一夔榜吏部尚書兼翰林院學士李

賢撰文禮部儀制司員外郎凌耀宗書
天順七年癸未彭教榜少保吏部尚書兼華蓋殿大學士李賢撰文禮部祠祭司員外郎謝宇書
成化二年丙戌羅倫榜太子少保禮部尚書兼文淵閣大學士陳文撰文禮部郎中陳綱書
成化五年己丑張昇榜太子少保吏部尚書兼文淵閣大學士彭時撰文太常寺少卿林章書
成化八年壬辰吳寬榜碑仆太學志商輅撰文
成化十一年乙未謝遷榜太子少保戶部尚書兼翰林院學士萬安撰文太常寺少卿謝宇書
成化十四年戊戌曾彥榜太子少保戶部尚書兼文淵閣大學士劉珝撰文禮部儀制司主事兼司經局正字凌暉書

成化十七年辛丑王華榜碑仆太學志劉吉撰文
成化二十年甲辰李旻榜碑仆太學志劉吉撰文
成化二十三年丁未費宏榜少傅兼太子太傅吏部尚書謹身殿大學士徐溥撰文太僕寺少卿姜立綱書
弘治三年庚戌錢福榜少保兼太子太保戶部尚書武英殿大學士丘濬撰文大理寺右寺副劉棨書
弘治六年癸丑毛澄榜太子太保禮部尚書武英殿大學士劉健撰文大理寺左寺副兼司經局正字周文通書
弘治九年丙辰朱希周榜太子太保戶部尚書兼謹身殿大學士李東陽撰文尚寶司卿兼司經局正字劉棨

書
弘治十二年己未倫文敘榜少師兼太子太師吏部尚書華蓋殿大學士劉健撰文太常寺少卿周文通書
弘治十五年壬戌康海榜碑仆太學志謝遷撰文
弘治十八年乙丑顧鼎臣榜碑仆太學志焦芳撰文
正德三年戊辰吕柟榜少師兼太子太師吏部尚書華蓋殿大學士焦芳撰文太常寺少卿周文通書
正德六年辛未楊慎榜碑仆太學志石珤撰文
正德九年甲戌唐皐榜少師兼太子太師吏部尚書華蓋殿大學士楊廷和撰文太常寺卿劉棨書
正德十二年丁丑舒芬榜少保兼太子太保禮部尚書武英殿大學士賈詠撰文太常寺少卿兼經筵侍書劉

棨書
正德十六年辛巳楊維聰榜少師兼太子太師吏部尚書華蓋殿大學士楊廷和撰文太常寺卿劉棨書
嘉靖二年癸未姚淶榜少師兼太子太師吏部尚書華蓋殿大學士費宏撰文太常寺卿劉棨書
嘉靖五年丙戌龔用卿榜碑仆
嘉靖八年己丑羅洪先榜太子太保吏部尚書兼武英殿大學士李時撰文順天府丞周令書
嘉靖十一年壬辰林大欽榜少師兼太子太師吏部尚書華蓋殿大學士夏言撰文太僕寺卿張文憲書
嘉靖十四年乙未韓應龍榜吏部右侍郎兼東閣大學士李本撰文通政司使張文憲書

嘉靖十七年戊戌茅瓚榜少傅兼太子太師吏部尚書謹身殿大學士嚴嵩撰文禮部左侍郎兼司經局正字張電書

嘉靖二十年辛丑沈坤榜太子太保禮部尚書兼翰林院學士徐階撰文工部右侍郎談相書

嘉靖二十三年甲辰秦鳴雷榜禮部尚書兼翰林院學士孫承恩撰文大理寺右寺副[illegible]書

嘉靖二十六年丁未李春芳榜太子太保禮部尚書顧可學撰文大理寺左寺正吳昂書

嘉靖二十九年庚戌唐汝楫榜吏部尚書李默撰文大理寺右評事吳應鳳書

嘉靖三十二年癸丑陳謹榜少保兼太子太傅禮部尚

書徐階撰文山東布政司參議王槐書

嘉靖三十五年丙辰諸大綬榜碑文剝落（太學志吳山撰文）

嘉靖三十八年己未丁士美榜太子賓客吏部左侍郎兼翰林院學士郭朴撰文中書舍人管翰林院典籍事顧從禮書

嘉靖四十一年壬戌徐時行榜（後復姓申）少保兼太子太保戶部尚書武英殿大學士知制誥袁煒撰文大理寺右寺正叢恕書

嘉靖四十四年乙丑范應期榜太子太保吏部尚書兼武英殿大學士知制誥嚴訥撰文大理寺左評事兼翰林院侍書李中書

隆慶二年戊辰羅萬化榜太子太師吏部尚書建極殿

大學士李春芳撰文尚寶司少卿兼翰林院侍書吳自
成書
隆慶五年辛未張元忭榜少師兼太子太師吏部尚書
中極殿大學士申時行撰文太僕寺少卿兼司經局正
字徐繼申書
萬曆二年甲戌孫繼皐榜大學士王錫爵撰文光祿寺
少卿兼司經局正字成楫書
萬曆五年丁丑沈懋學榜少傅兼太子太傅禮部尚書
建極殿大學士許國撰文太僕寺少卿兼司經局正字
馬繼文書
萬曆八年庚辰張懋修榜大學士葉向高撰文通政司
知事唐尚忠書

萬曆十一年癸未朱國祚榜太子太保禮部尚書兼武
英殿大學士王錫爵撰文大理寺右寺副趙應宿書
萬曆十四年丙戌唐文獻榜記無
萬曆十七年己丑焦竑榜記無
萬曆二十年壬辰翁正春榜太子太保戸部尚書兼文
淵閣大學士張位撰文通政司經歷章如鋋書
萬曆二十三年乙未朱之蕃榜太子少保禮部尚書兼
文淵閣大學士陳于陛撰文通政司經歷湯應龍書
萬曆二十六年戊戌趙秉忠榜記無
萬曆二十九年辛丑張以誠榜記無
萬曆三十二年甲辰楊守勤榜記無
萬曆三十五年丁未黃士俊榜記無

萬曆三十八年庚戌韓敬榜記無

萬曆四十一年癸丑周延儒榜少師兼太子太師吏部尚書中極殿大學士葉向高撰文通政司知事周承禹書

萬曆四十四年丙辰錢士升榜記無

萬曆四十七年己未莊際昌榜記無

天啟二年壬戌文震孟榜記無

天啟五年乙丑余煌榜記無

崇禎元年戊辰劉若宰榜記無

崇禎四年辛未陳于泰榜記無

崇禎七年甲戌劉理順榜記無

崇禎十年丁丑劉同升榜記無

崇禎十三年庚辰魏藻德榜記無

崇禎十六年癸未楊廷鑑榜碑未立

按進士題名其初釋褐後即撰記立石後乃有遲之一二十年始立石者至萬曆丙戌己丑則有題名而無記戊戌以後則惟癸丑一榜有記而已士大夫論資格曰嚴而忽視題名如此良可歎也

崇禎庚辰上有厭薄進士之意故將下第舉人與廷試貢士史惇等一百六十三人吳康侯等一百人盡賜特用於是惇等上疏請援進士例謁文廟行釋菜禮并立石題名閣臣張四知以爲不可上命如所請大學士周延儒奉勑撰文太僕寺少卿兼翰林院侍書朱國詔奉

勅書并篆額工部營繕司郎中王瀕監刻今立石于國
學中慚餘雜記

日下舊聞卷十四終

城市五　北城上

張千載字毅父廬陵文文山友也文山顯貴屢以官辟皆不就文山自廣還至吉州城下千載來見曰丞相赴北某亦往遂以故宋官營求江西省谷之北寓于文山囚所側近日以食奉之凡留燕三年潛造一櫝文山受刑後即藏其首仍訪文山妻歐陽夫人于俘獲中俾出火其屍千載拾骨寘囊并櫝南歸付其家葬之　吟囈集

王炎午望祭文丞相文鳴呼扶顛持危文山諸葛作相雖同而公死節倡義舉勇文山張巡殺身不異而公秉鈞名相烈士合爲一傳三十年間人不兩見事繆身執義當勇決祭公速公童子易簀何知天意佐

忠憐才置公一死易水金臺乘風捐軀壯士其或久而不易霜雪松柏嗟哉文山山高水深難回者天不負者心常山之髮侍中之血日月韜光山河改色生爲名臣死爲列星不然勁氣爲風爲霆干將莫邪或寄良冶出世則神入土不化今夕何夕斗轉河斜中有光芒非公也耶　梅邊集

姚廣孝謁文丞相祠詩凜凜宋忠臣赫赫元世祖禮遇各有道聲光照千古舊祠燕城東松柏森牖戸英靈貫日月勁氣鼓雷雨有司奉朝命維時薦芳醑客來拜庭除欲退復延佇　逃虛子集

太學堂有七齋倫所以會講率性修道誠心正義崇志廣業則諸生肄業所也　西隱集

癸亥正統八年（一四四三）

廟學建于正統癸亥至弘治十四年尚書曾鑑請修堂宇垣墻并會饌堂十六年工竣櫺星門前舊有小巷橫溝積穢乃買劉福姚浩等地東西濶七丈五尺深入四丈高築屏墻上覆以青琉璃瓦兩旁築小紅墻前爲闌干以擁護之 太學志

大成門内石鼓各五西有石鼓文音訓碑一通外持敬門東有元加封聖號詔書碑大德十一年七月建西有元加封先聖父母妻并四配制詞碑一通至順二年九月建對廊樹歷科進士題名碑 同上

崇文閣元藏書之所也今東講堂有碑存 同上

蒲道源崇文閣上梁文我瞻四方京師爲首善之地若稽三代國學爲宣化之原皇帝發政施仁仰繩祖

武右文尚德創設儒科政府揚休期大猷之是闡中臺集議懼闕典之未興以爲教胄子既有成均尊聖經可無傑閣欽承上旨大發積緡官不科需用咸資于素畫農無妨作役盡募于閒民朝士程工梓人奏技前瞻離位後鎮坎宫雲漢昭回菁莪樂育圜橋門之冠帶藏闕里之詩書擇吉旦而舉虹梁協衆誠而修燕賀伏願上梁之後朝廷清謐禮樂興行洋洋諷絃誦之音濟濟登茹連之士 閒居叢藁

内外學舍之制内號在廣居門右門一座曰退省號舍四連共四十九閒其南湢室與厠自退省門漸北折而西爲天地人知仁勇文行忠信規矩準繩紀綱法度共十八號每號計二十一閒度字號北有保安堂五閒以

處監生之有疾者彝倫堂後有格致誠正四號計九十八間嘉靖七年改建敬一亭外東號在廟左共三十四間大東號在東城之北居賢坊賽百萬倉西門街門二一曰癸俊號舍東西二連共四十間一曰集英號舍二十七間新南號在北城二條衚衕東口門一座東西房二連共三十四間南北四間小北號在居賢坊衚衕門一座南北房二連共八十間交趾號在監之南門一座南北房二連共二十八間西號在成賢街之西北去監五十步舊雲閑寺址也小房十間又房二層計九間本監屬官遞居之北小房四間南一間近西小房十餘間 太學志

監規國子生由廣業堂肄業以漸升至率性堂然後積日下舊聞

分堂與出身 同上

監丞稱太學司直所居曰繩愆廳亦曰東廳博士別有廳稱爲西廳 同上

洪武中國子生出使視行人如覈天下土田稽百司案牘督吏民修水利出有賜還有勞永樂初頒詔論訪輯高皇遺文至同十三道御史問刑慮囚皆舉重務以試之然雖勞績有成無不復監卒業者其後有長差短差之例長差若清黃寫誥之屬短差若承運庫試字司禮監謄本禮部寫民情中書科謄黃之屬短差復監長差則例滿附選待除不復監矣 同上

隆慶元年駕幸國學朝鮮陪臣李榮賢等六員各具本等衣冠赴彝倫堂外立文臣班次之次 同上

視學規制國子監先期灑掃內殿設御座于彝倫堂中駕至則學官率諸生叩迎升座則率諸生叩拜受經則諸生環聽堦下還朝宴賞則率諸生叩謝 敬事草

袁珙國子監彝倫堂前石晷詩流沙迢迢隔溟渤不取昆吾鑄奇物杏壇花開春晝遲帝遣良工琢山骨圓如蒲璧巨如輪三尺瑤臺高捧雲子午南北已定位度數安用羅星辰六堂深沉更漏早旭日扶桑照林杪一絲影射白玉盤萬井鐘聲報清曉先生盛服坐皋比猶記花甎催直時寅賓出納著二典赤心只許義和知爰則晨昏造小子寸陰自惜勤終始期在涓埃答主恩大明教化同一晷 柳莊集

萬曆甲辰厚載門外皇城一帶墻下忽影出城郭山川樹木人物諸狀有鐵騎數百臨城城上皆豎旗幟與畫圖無異移時乃滅 玉芝堂談薈

日下舊聞

歲在壬午乃至元十九年也于是祥興亡且三年矣宋瑞囚中作贊并序曰吾身居將相不能救社稷安天下軍敗國亡辱爲俘囚其當死久矣被執以來欲引決而無間今天與之機謹南向再拜以死其贊曰孔曰成仁孟曰取義惟其義盡是以仁至讀聖賢書所學何事而今而後庶幾無媿宋丞相文天祥絕筆 龔開文信公傳

虞文靖謂許文正歿後國子監始立官府刻印章葢文正爲祭酒時尚在舊學所謂王宣撫宅也今國學彝倫堂前樹傳是文正手植殆未必然 查浦輯聞

至大四年八月芝生國學大成殿延祐二年三月芝生

大成殿五年七月芝生大成殿元史五行志

桑澤卿蘭亭考載何子楚跋定武本云大觀間詔取石龕置宣和殿丙午與岐陽石鼓俱載以北今國學本安知非與石鼓俱載而北者炙硯錄

國子監碑亭惟西南隅崇禎庚辰進士題名碑下尚可容兩碑因又立庚辰科特用題名碑僅容癸未科進士題名碑立于其次更無餘地可以立碑而明之進士題名止此亦異矣蓟丘雜抄

京師設國子學教授諸生於隨朝百官怯薛及蒙古漢兒官員選擇子孫弟姪俊秀者入國子學元典章

崇禎十四年八月十八日車駕臨雍釋奠禮成上步至東西兩廡徧閱諸先儒神位諭禮部國子監諸臣曰宋

之周邵二程張朱六子有功聖學今槩稱先儒禮殊未稱爾部其會同詹翰官議所以尊崇之明年二月議定進稱先賢改題六子木主位列七十子之下漢唐諸儒之上告于先師得旨允行鴻一亭筆記

順天府儒學在府治東南教忠坊洪武初以元太和觀地爲大興縣學國子監爲府學永樂中以府學爲國子監因以大興學爲府學宣德三年府尹保定李庸修之大學士建安楊榮爲作記正統十一年府尹寧陽王賢重修戶部侍郎廬陵陳循作記成化元年府尹句容張諫與平闔鐸先後又修葺焉大學士淳安商輅作記順天府舊志

陳循重修順天府學記學在今府治東南教忠坊初

元太和觀也洪武元年以觀爲大興縣學永樂元年陞北平府爲順天府則大興縣儒學例不得設矣遂以爲府學九年同知甄儀建明倫堂東西齋舍十二年府尹張貫建大成殿又建學舍于明倫堂後歲久頹毀寧陽王賢來爲府尹顧其舊址多爲軍民所侵乃謀于府丞番陽王弼治中長沙易斌通判寧海楊轅推官安陸彭理相與請復其地既得請遂撤故新之爲大成殿翼以兩廡前爲戟門以祠先師先賢因舊爲廟以祠宋丞相信國文公爲六齋於明倫堂東西附以棲生之舍會饌有堂有厨有庫而蔽之重門焉明年春教授梁礴葺相與礱石請余文爲記 芳洲集

商輅重修順天府學記順天府學永樂初改建至是七十年雖數加葺治率因陋就簡未有能侈前規者成化改元府尹張君諫相舊齋廡逼近堂廟闢東西地廣之堂之北創後堂五間左右房各九間廟之外戟門櫺星門皆撤而新之學之門樹育賢坊二東西對峙示壯觀也張君去繼爲尹者閻君鐸凡前工未畢者既皆足之復念士之棲止勞于出入擇前後隙地建號房五十餘間學後拓爲射圃崇墉廣廈煥然一新尹之功大矣 商文毅公集

大興縣題名記光祿少卿新安尹校書隆慶四年立 函山旅話

崇禎巳卯上銳意復古倣周試士射宮之制命於賓興

後羣聚較射于國學之觀德堂射者皆戎服壬午亦然

問思堂文集
跋李東陽書于國學之入觀德堂所者皆天下士十六絲
卷十四論語

日下舊聞卷十五

城市六 北城下

昭回坊靖恭坊在北安門東共十四鋪有圓恩寺福祥寺柒衣寺 五城坊巷衚衕集

圓恩寺在昭回坊元至元間建福祥寺在靖恭坊有勑建碑又慈善寺文昌宮俱在靖恭坊亦有勑建碑 順天府志

靈椿坊八鋪 五城坊巷衚衕集

燕山竇十郎故居或云在城西或云在昌平或云在涿州或云在薊州當時馮瀛王道贈詩有靈椿一株老之句今北城有靈椿坊疑是十郎舊里此靈椿所以名坊也 涿水亭雜識

順天府治即元大都路總治舊署也先是遼升爲京立幽都府又改爲析津府至金爲大興府元初爲大都路號大興府官署爲宗正所據官吏辦事佛寺中至大中監路平章政事莫吉奏請以錢四萬二千五百緡買靈椿里周氏地計十九畝建爲公署永樂定鼎于此遂因其署而爲順天府 春明夢餘錄

順天府附郭二縣東曰大興西曰宛平府境南爲固安霸州北爲昌平東爲通州三河香河玉田西爲良鄉房山東北爲薊州東南爲武清西南爲涿州固安之東爲東安永清霸州之南爲保定文安大城昌平之東爲懷柔密雲通州之北爲順義南爲漷縣東南爲寶坻薊州之北爲平谷東爲豐潤東北爲遵化皇祖旣設北平布

政使司因以北平名府永樂中以北平爲行在所改府曰順天 长安客話

易言湯武革命順乎天而應乎人文皇帝靖難龍興于此因以之自命云 名勝志

順天府東至永平府五百二十里南至河間府四百十里西至保定府易州二百十四里北至延慶州百七十里東南至天津衛三百三十里西南至保定府三百三十里西北至萬全都指揮使司三百五十里東北至古北口二百四十里 方輿紀要

舊制三品衙門用銅印惟順天府用銀印誠重之也堂懸宣宗皇帝御製箴 春明夢餘錄

明宣宗京府箴奕奕京師四方所瞻京尹之職民庶是誠周之內史漢之三輔不輕畀人擇賢以付國家因之有尹有丞亦有庶寮用贊厥成芒芒區域輦轂其本王者施仁篤近舉遠爾體于懷務勤與周情必上通澤必下流冰清玉剛準平繩直毋儷豪右毋縱奸慝趙張邊延顯顯前規毋愧古人祇我訓辭 官箴

王直重修順天府記至元中大都路廨署無定制至或假民家以庀事其後乃市諸民得地二十畝爲屋以居我朝有天下改大都路爲北平府永樂元年北京建又改北平府爲順天府因故署爲治正統十四年府尹寧陽王侯賢諗于衆改作焉爲正堂後堂各五間中堂三間左爲經歷司右爲照磨所前爲大門凡三重各三間六曹案牘之舍庫廄庖湢皆完崇卑

廣狹各中程度總爲屋五十八間以正統十四年三月十三日興工景泰三年七月落成 王文端公集

畱禮順天府題名記京師古設內史漢改置京兆尹其地居轂下憑城社者類橫恣抗法加之五方湊集因緣爲奸化難格故唐宋以來選尹皆人望或以親王爲之小事專決大事則稟奏受成旨刑部御史臺無輒駁異蓋肅清京師鎮撫畿甸必隆重其任有若此我文皇龍飛北京改北平布政司爲順天府于永樂六年先置尹丞等官爲都輦重職延今百有五十三年典守定于聖謨者赫然具在而年久法弛事變叢生一切徵派和買之類出于繩限部臺往往以勢下諉而一二養望自全者禀不敢詰積爲民蠹間有

挺節廷諍以肅清塡撫爲已任則云生事沽名九原可作安得起國初名京兆與之論職守也哉確山受齋劉公總尹務鈞陽潁谷馬公以丞副之慨然有概于中思法前修表京師因閱碑刻多訛逸復蒐輯增次具其姓名籍貫及歷官大畧鐫之于石請記于余余惟古之圖容貌表室廬官氏使善者知思而慕之惡者知指而嗤之凡以示懲勸策事功也況自昔京兆行事得失載之史籍萬世可鏡又不徒爲一時四方取則而已唐人諺云前尹赫赫具瞻允若後尹熙熙具瞻允若言敷政寬嚴不同其以治稱一也又云前尹舉其綱而太簡次尹綜其目而太密後尹毀常法而取一時之聲言寬嚴失宜均之爲世所譏今二

公坦易相符政不務苛細而繩檢截然人方以赫赫熙熙並譽廼又即其前刻于石者時觀省焉愧予前尹順天不足爲後人景法而附記于此亦竊與載名之榮云 古和藁

葉向高順天府題名記令甲三歲一計吏治自岳牧以至尉史鱗集於闕廷而京兆實釋郡事綱紀之意葢云維兹郡吏其式化于王畿故郡吏之視京兆不啻望表起鵠夫內備列卿而外倡九牧秩尊而於民親則無如京兆者二百年來名公鉅卿多由兹奮確山劉公嘗刻其名于石而司空豐城雷公爲之記歲久石泐今尹廣陵錢公少尹關西劉公礱石續記而以記屬余夫司空嘗官京兆宜能言京兆余越俎而

譚非其任矣然余有職于掌故不能辭則嘗取司空言讀之若慨然有慕于國初諸臣之手裁而恫切于年來因循叢蠹之非是其爲京兆規不啻詳矣余惟國家初造耳目維新聲靈震乎遐陬而功令肅于庶府京邑翼翼四方之極奉職順流亦可以爲理故其治易也其後襲恬承熙輦轂之下日膏沐涵濊于太平之休澤寖以窳惰而五方殊技輻輳灌輸奔命于上國都市之政雜而多端奸日萌生治稍難焉又其後則恬熙益深耗蠹愈甚九閽之聽既高而豐蔀之勢易壅郊圻之內若隔萬里勢家寺人作姦犯科官府之令不行京兆之難治遂爲天下最矣葢嘗總郡國之政論之其在開創則外難而內易何者依日月

者愈近而易爲光也其在承平則外易而內難何者憑城社者愈近而易爲蠹也方司空時去國初纔百五十年度事揆勢已異昔日馴至于今又數十年矣職京兆者其感慨嘆息當抑又甚焉弊久則窮窮則復思其始今日之京兆亦起弊反始之一時已今天子神聖加意三輔赫赫然有願治之思而錢公劉公皆當世名臣協力同心以理京兆將見幾甸太和百度咸修寧復有如司空之所慨也余故樂爲之記以請于二公若夫建置之由事權之重寛嚴忠佞不同足以鑒往詔來語具司空記中在事者業稔聞之矣 蒼霞草

天星堂在順天府後內空洞上覆以格有郡國方位圖

冬至日懸毛羽驗氣之盛則其歲豐 耳譚

順天府治後東北隅有候氣堂冬至日以葭管吹灰候之申時行有重修候氣室記 燕都游覽志

中心閣在府西元建以其適都城中故名閣東十餘步有臺繚以垣臺上有碑刻中心臺三字 明一統志

八蜡廟在府治東北 順天府志

張鳴鳳安定門寓目詩北門一望路漫漫山後關亭白日寒壯士不須誇絕漠長城烽火照長安 萍浮集

金臺坊九鋪有萬寧寺法通寺淨土寺千佛寺 五城坊巷衚衕集

大德九年二月建大天壽萬寧寺 元史成宗紀

成宗卜魯罕皇后京師刱建萬壽寺中塑秘密佛像其

形醜怪后以手帕蒙覆其面尋傳旨毀之元史后妃傳

泰定四年五月作成宗神御殿于天壽萬寧寺元史泰定帝紀

天壽萬寧寺在鼓樓東偏元以奉安成宗御像者今寺之前後皆兵民居之從漏室而入有穹碑二尚存長各二丈餘西一碑國書不可讀東一碑歐陽原功文張起巖書姚慶篆額題曰成宗欽明廣孝皇帝作天壽萬寧寺神御殿碑其北列明碑四一爲馮祭酒夢禎文一爲焦太史竑文析津日記

危素爲翰林學士居鐘樓街會稽王山農冕遊大都常見其文而不相識一日危騎而過山農所與之坐不問其姓名徐曰君非鐘樓街住耶危曰然不出他語而罷人問之山農曰吾觀其文有詭氣目其人舉止亦然料

知必危太樸也霏雪錄

萬寧橋在海子東岸跨玉河上流明一統志

澄清閘在鼓樓南海子東岸萬寧橋西至元二十九年建名海子閘水部備考

元時海子岸有萬春園進士登第恩榮宴後會同年於此宋顯夫詩所云臨水亭臺似曲江也今失所在渌水亭雜識

張公海棠二株在鐘鼓樓東中貴張宅中元時遺物叢本數十圍修幹直上高數丈下以朱欄障之參差敷陰猶垂數畝近日易主不知其幾矣燕都游覽志

齊政樓在府西海子東岸元建蓋取齊七政之義明一

統志

千佛寺萬曆九年孝定皇太后建 春明夢餘錄

寺在德勝門北八步口殿供毗盧舍那佛座繞千蓮蓮生千佛特朝鮮國王貢尊天二十四身阿羅漢一十八身詒供寺中其像銅也而光如漆尊天所執持器乘游失之補之厥工遜矣寺南一里有小千佛寺 帝京景物畧

千佛寺建於明萬曆初中有長沙楊守魯安陽喬應春二碑皆鎮陽林潮書潮以鴻臚寺主簿直文華殿中書應春碑稱諸天阿羅漢皆太監楊用所鑄劉同人帝京景物畧乃謂爲朝鮮國王所貢當以碑爲實也 渌水亭雜識

楊守魯千佛寺碑記畧西蜀僧偏融自廬山來游京師御馬監太監楊君用以其名薦之司禮監馮公保隨貿地于都城乾隅御用監太監趙君明揚宅也將建梵剎迎偏融主佛事聞于聖母皇太后捐膏沐貲潞王公主亦佐錢若干緡即委楊君用董其役辛巳秋落成寺南向爲山門爲天王殿爲鐘鼓樓中爲大雄寶殿爲伽藍殿後爲方丈爲禪堂爲僧寮爲庖湢爲園圃左右側則有龍王廟及井亭養老禮賓諸所靡不備 燕都游覽志

喬應春新建護國報恩千佛寺寶像碑畧大司禮樞輔馮公上承聖母皇太后命特建寶剎於是御馬監太監楊君用受偏融上人指鑄毗盧世尊蓮花寶座

千佛旋繞四向若朝者然鑄十八羅漢二十四諸天復塑伽藍天王等像工始于萬曆庚辰浹歲而告成辛巳秋七月既望立石 同上

吉祥寺在府治西元泰定間建 明一統志

日中坊在北安門西二十二鋪 五城坊巷衚衕集

金水河源出宛平縣玉泉山流至和義門南水門入京城至大四年七月奉旨引金水河水注之光天殿西花園石山前舊池置牐四以節水 元史

張翥金水橋上聞苑池荷香作立馬金河上荷香出苑池石橋秋雨後瑤海夕陽時深樹棲霞早微波浴象遲煩衿一笑爽正喜好風吹 蛻菴集

張羽燕山春暮作金水橋邊蜀鳥啼玉泉山下柳花

飛江南江北三千里愁絕春歸客未歸 靜居集

張和金河橋期友納涼不至作涼月鑑廣津微風集高樹翩翩棲鳥驚杳杳流螢度蕭條旅中懷悵望橋東路有約君不來無語獨歸去 篠菴集

馬祖常御溝春日詩御溝流水曉潺潺直似長虹曲似環流入宮墻才咫尺便分天上與人間春波十頃碧琉璃白日樓臺照影時好為畫船都載酒半酣西望碧參差水南沙路雨清塵桃李花開蛺蝶春三月京華寒食近東風十里酒旗新 石田集

薩都剌立春御溝作燕姬白馬青絲韁短衣窄袖銀鐙光御溝飲馬不回首貪看柳花飛過墻 薩天錫詩集

宋褧御溝詩泱泱穿雲出㵎初千廻百折到皇居行人不敢來飲馬稚子時能坐釣魚內史府前晴滉瀁雲巖觀後晚舒徐波漫畧彴通丹禁風颭輜軿映畫裾三月霏烟着楊柳九秋凉露泣芙蕖荒唐莫說流紅怨自是淸漣解起予 燕石集

又早出過御溝作殘月欲落日未生樹根交合淸水明翠花迢迢沙磧杳銅駝陌上馬聲少 同上

藥王廟在北安門海子之西偏廟東瀕海子宜賓初月萬柳沿隄客多載酒其間鷗波魚藻眞長夏時一淸凉界 燕都游覽志

藥王廟天啟中魏忠賢所建也落成時帝加獎諭賜賚甚厚當年必有豐碑而今無片石蓋為人所踣矣 渌水亭雜識

火神廟在北安門湖濱金碧琉璃照映漣漪間西與藥王廟相並 燕都游覽志

北城日中坊火德眞君廟元至正六年建萬曆三十三年改增碧瓦重閣焉前殿曰隆恩後閣曰萬歲景靈閣左右輔聖弼靈等六殿殿後水亭望北湖殿墀二碑一右春坊朱之蕃撰一禮部侍郎翁正春撰 帝京景物畧

天啟元年三月命太常寺官以六月二十二日祀火德之神著為令 熹宗實錄

袁中道過火神廟詩作客尋春易游燕遇水難石橋深樹裏誰信在長安 珂雪齋集

海子在府西三里汪洋如海中有菱荷鷗鳧可玩 記纂

淵海

禁城中外海子即古燕市積水潭也源出西山一畝馬眼諸泉繞出甕山後滙爲七里濼紆廻向西南行數十里稱高梁河將近城分爲二外繞都城開水門內注潭中入爲內海子繞禁城出巽方流玉河橋合外壁入于大通河 湧幢小品

積水潭在都城西北隅東西亘二里餘南北半之西山諸泉從高梁橋流入北水關滙此或因內多植蓮名爲蓮花池或因水陽有淨業寺名爲淨業湖內官監向嚴魚禁今稍弛矣酒後一葦山光水色簫鼓中流時復相遇江以北來無此勝游然泛必從小徑抵般莱亭乃盡幽深之致每年三伏日錦衣衛率御馬監官校浴馬湖

干如濯雲錦中元夜寺僧于淨業湖邊放水燈雜入蓮花中游人設水嬉爲盂蘭會梵唄鐘鼓雜以宴飲達旦不已水中花炮有鳧雁龜魚諸種冬時湖凍作小冰牀各坐于上一人挽行輪滑如驟駛好事者恒覓十餘牀攜圍爐酒具酌冰凌中積水潭水從德勝橋東下橋東偏有公田若干頃中貴引水爲池以灌禾黍綠楊鬖鬖一望無際稍折而南直環北安門宮墻左右流入禁城爲太液池汪洋如海俗呼海子套 燕都游覽志

海子岸上接龍王堂以石甃其四周海子一名積水潭聚西北諸泉之水流行入都城而滙于此汪洋如海都人因名焉仁宗延祐六年二月都水監計會前後與元修舊石岸相接五日興工十一日工畢至治三年三月

大都河道提舉司言海子南岸東西道路當兩城要衝金水河浸潤於其上海子風浪衝嚙于其下且道狹不時潰陷泥濘車馬艱于往來如以石砌之實永久之計也泰定元年四月工部應副工物七月興工八月工畢 元史

至元三十年秋車駕還自上都過積水潭見舳艫蔽水天顏爲之開懌特賜都水監郭公錢一萬二千五百緡仍以舊職兼提調通惠河漕運事 元名臣事畧

張怡雲能詩詞善諧笑名重京師趙松雪商正叔高房山爲寫怡雲圖以贈姚牧菴閻靜軒每於其家小酌一日過鐘樓街遇史中丞中丞欲偕行速從者歸攜酒餚因共造海子上之居姚閻呼曰怡雲今日有佳客此中

丞史公子也張便取酒壽史歌雲間貴公子玉骨秀橫秋水調歌一闋史甚喜有頃酒餚至史取銀二定酬歌席終左右欲徹金玉酒器史云休將去賞音如此 青樓集

趙孟頫大都紅門外海子上即事詩白水清山引興多紅裙翠袖奈愁何秪從暮醉兼朝醉聊復長歌更短歌輕燕受風迎落絮遊魚吹浪動新荷餘杭溪上扁舟好何日歸休理釣蓑 松雪齋集

元盧亘海子上即事詩馳道塵香散玉珂彤樓花牆弄雲和光風已轉瀛洲草細雨微添太液波月榭管絃催瞑發水亭簾幙受寒多少年易動傷春感與取青霞對酒歌 皇元風雅

宋本詩渡橋西望似江鄉隔岸樓臺罨畫粧十頃玻璃秋影碧照人騎馬過宫牆 至治集

許有壬飲海子舟中江城子詞柳稍烟重滴春嬌傍天橋住蘭橈吹暖香雲何處一聲簫天上廣寒宫闕近金晃朗翠岧嶤誰家花外酒旗高故相招儘飄揺我政悠然雲水永今朝休道斜街風物好纔此去便塵囂 圭塘小藁

宋褧海子岸望海潮詞山含烟素波明霞綺西風太液池頭馬似游龍車如流水歸人何暇夷猶叢薄擁金溝更蕭蕭宫樹調弄新秋十里烟波幾雙鷗鷺兩漁舟暮雲樓閣深幽政砧杵丁東弦管啁啾澹澹星河熒熒燈火一時清景難酬馬上試冥搜塡入耆卿譜摸寫風流明日重來柳下攜酒教名謳 燕石集

海子南岸舊有海子橋亦名月橋俗呼三座橋近漸圮 燕都游覽志

傳若金海子詩獨步金河上遥看碧海隅橋疑通月窟船或到方壺蜃室寒休杼龍宫夜出珠浮槎八月晚應念客星孤 傳與礪詩集

馬祖常海子橋詩南望蓬萊觀行人隔苑墻有時馴象浴不見狎鷗翔宫樹飄秋葉江船認石梁辟雍眞可作擬賦獻文王 石田集

又詩朝馬秋塵急天潢曉鏡舒影圓雲度鳥波静藻依魚石棧通星漢銀河落水渠無人洗寒露爲我媚芙蕖 同上

王棠海子橋詩暮登海子橋西繞紅門歸霜風著宮樹葉葉帶紅飛據鞍吹短篴乘月搗征衣江南水雪裏音信寄來稀 列朝詩集

宋褧過海子觀浴象詩四蹄如柱鼻垂雲踏碎春泥亂水紋鸂鶒鵁鶄好風景一時驚散不成羣 燕石集

程敏政海子詩十里城陰路西湖一派分秋晴沙岸尾時見白鷗羣 篁墩集

常倫經海子詩積水明人眼蒹葭十里秋西風搖雉堞晴日麗粧樓緑徑斜通馬荷叢暗渡舟東鄰如可問早晚卜清幽 常評事集

吳維嶽經海子詩閒行豈爲趣芳菲湖水東看入禁闈樓閣倒涵千樹影笙歌深駐五龍旂榴花歇雨新經眼草色搖沙欲上衣通籍十年惟混世羣鷗何事亦驚飛 霽寰集

大慈恩寺在府西海子上舊名海印寺宣德四年重建 明一統志

海子橋北舊有海印寺宣德間重建改名慈恩今廢爲廠 長安客話

李東陽慈恩寺詩水繞湖邊樹花垂石上藤長來寺前坐不識寺前僧 懷麓堂集

李夢陽上巳過海印寺作勞生苦役役況乃値溫陽林園有嘉榮蹊渚生柔芳秉蕳迹已陳祓禊難獨忘駕言適蓮宇逶迤陟虹梁巍宮延暮色陂樹藹青蒼詎知幽勝區占茲佳麗鄉居然心境寂彌增塵路傷

空同集

又鏡光閣詩吾生走紛境性意苦不適朅來鏡光遊不覺祇樹夕鳥藏丹閣暮蕭槭柿葉赤杏如造巖壑閒焉寡人迹其王戴金冠天子之所客迓我簷蔔下坐我紅罽席落日入虛牖窈窕雲光白團團石蓮燈照耀錦繡壁忽聞鈴磬發轉悵俗務迫靜躁本殊科利義各有癖伊余竟何爲奔併阻行役乞君摩尼珠一照幸不惜 同上

何景明慈恩寺詩海子橋西寺高樓御苑花中流自日月平地有烟霞客至開金殿宸游想翠華十年復到此朋舊各天涯 大復山人集

孟洋過海印寺作傍湖臺殿何年起遶寺烟波望不窮樹裏逶迤銀漢接宮前宛轉玉河通長橋晚落千尋影高閣晴含萬里滄海漫求人世外蓬萊今在帝城中 孟有涯集

胡侍九日同諸公登海印寺鏡光閣詩湖景澄珠閣雲虹度石梁行攀雙樹杪坐對九華觴水抱香城入山橫禁苑長憑高不厭晚待月詠禪牀 濛谿集

袁袠登鏡光閣詩絕磴翔雲上飛軒踐斗迴旗亭開百市魏闕枕三台地接榆關險山迎桂苑來登高還望遠秋氣使人哀 袁永之集

屠應埈鏡光閣詩鏡光閣在帝城邊遙控西山莫北川忽有風雲來絕塞坐看雷雨下諸天微茫野色俱堪畫漭沆中流好放船東下林塘幽絕處江南秋望

此依然 蘭畹堂集

范言鏡光閣詩尋芳偶到慈恩寺石榻山僧入定時獨上鏡光開晚閣坐看雲氣動春池行厨竹裏煙初禁御漏花前日正遲寂寞東房無好約青袍白馬欲何之 菁陽集

朱大啟經海印廢寺詩我行海子橋不見鏡光閣惟有青蓮花凉風吹又落 昜寄軒集

李長沙賜第在西長安門西俗呼李閣老衚衕是也其別業在北安門北集中西涯十二詠程篁墩學士和之有桔槔亭楊柳灣稻田菜園蓮池而響牐鍾鼓樓慈恩寺廣福觀皆在十二詠中今其遺址不可問當在越橋相近蓋響牐即越橋下牐而鍾鼓樓則園中可遙望爾

淥水亭雜識

銀錠橋在北安門海子三座橋之北此城中水際看西山第一絶勝處也橋東西皆水荷芰菰蒲不掩淪漪之色南望宮闕北望琳宮碧落西望城外千萬峯遠體畢露不似净業湖之逼且障也 燕都游覽志

陸釴歸自城西至玉河北作參差宮樹殿東西樹裏青山落日低回首旌旗猶未定晚來風起玉河堤 春雨堂稿

德勝橋在德勝門内西有積水潭潭水注橋下東行橋卑不能度舟湖中鼓棹人抵橋俱登岸空舟順流始得渡復登舟東泛綠柳映坂縹萍蒸波黍稷秔稻畇畇原田高城數里古色如一薜荔墻轉而南得藜光精舍僻

岸無行人古槐濃樾覆陰如晝溪御馬監所領天閑上駟毎歲六月六日中貴人用儀仗鼓吹導引洗馬于德勝橋之湖上三伏皆然 燕都游覽志

淨業寺從德勝門西循城下行徑轉得此寺昔爲智光寺之基寺東有軒二楹可坐寺前舊作廠棚列席浮尊宴飲殊適今廢矣湖上有魚藕監 同上

劉效祖看蓮詩杖履吾何適逢僧曲水邊三乘開寶地六月湧金蓮雨過塵心淨風來爽氣偏浮生閒自惜不是爲逃禪 劉念菴詩集

朱國祚夜宿淨業寺詩僧樓佛火漾空潭李廣橋低積水含一夜朔風喧樹杪薊門飛雨遍城南 介石齋集

鍾惺集淨業寺詩如此匆匆際禪棲肯再來曾無三日隔又見數花開童負桃笙至僧籠菜甲回出門揖一宿無復候人催 隱秀軒集

太平菴在淨業寺北循城垣有橋橋下爲水關清流濊濊南流注入大湖岍左爲菴菴小而潔 燕都游覽志

水關在德勝門西里許水自西山經高粱橋來穴城趾而入有閘爲之限焉下置石螭迎水倒噴旁分左右既噏復吐聲淙淙然自螭口中出 同上

德勝門之西城垣下有水竇焉西山諸水從此流入都城水口爲石犀以當之遏衝突緩水勢也而菴其上名曰鎮水觀音菴其北即水入處泠泠有海潮之音菴剏自成祖時姚少師而內臣鋼公者實纘成之 長安可游

記

于慎行北閘詩西城别苑勝瀛洲十里平湖靜不流蝀草離迷橋畔雨宮槐隱映水邊樓聲傳簫管三天近香散芙蓉六月秋信道吾皇簡遊幸石鯨飛處鎖龍舟 穀城山房集

公鼐苑北水關小寺詩淨域青蓮會明湖玉鏡游水原分太液客至自瀛洲頓起濠梁想疑來洞壑幽弄珠乘月去晚吹覺新秋 問次齋稿

蓮花社有亭在水關西今傾圮 燕都游覽志

鰕菜亭在蓮花社西一潴隔之水部戴大圓建 同上

舊城鬱然傑堵云是元時舊址中作鐵溝昔時以車運氷上流者今尚堅緻寒蘚荒苔遙映林泉翠蒨殊可憑

高弔古 同上

德勝門城上鐫趙子昂書德勝門三字 同上

天啟壬戌四月四日德勝門甕城內真武廟前枯槐二株樹心烟起至稍用鋸截之乃止 頌天臚筆

黃訓出德勝門詩己巳王師出安危在此門萬家畏囊橐一老柱乾坤礮下鹵無骨帳前兒有孫忠勲何處顯白日照中原 黃潭先生詩集

王家彥字尊五福建莆田人天啟壬戌進士協理京營兵部右侍郎崇禎十七年三月守德勝門城陷自投城下不死折臂及足其僕扶入民舍自縊死 貽忠錄

甲申寇偪王公家彥坐安定門歎曰我總督團營今日城破萬死難贖且義不可污賊刃遂自縊于城樓未幾

繳發城樓復壓後出其屍于瓦礫中其甥楊負而瘞之甲申傳信錄

按王公之死諸書皆云在德勝門惟傳信錄作安定門諸書皆云自投城下惟傳信錄作自縊城樓所聞異辭並存俟考

三聖菴在德勝街左巷後築觀稻亭北爲內官監地南人于此藝水田稉秫分塍夏日桔槔聲不減江南燕都游覽志

袁宗道三聖菴紀游畧德勝門內東偏有公田若干項中貴治之引水爲池以溉沿池數里緣楊鬖鬖一望無際池邊一菴曰三聖面市背田門前古木四章身如青銅亭亭直上蒼翠可愛殿堂不甚崇然極雅

麗瀟碧堂集

菴背水田門前古木四柯如青銅其西有臺臺上亭曰觀稻帝京景物畧

德勝門水次稻田八百畝以供御用內監四十八領之客燕雜記

龍華寺在德勝門東成化三年建萬曆五年重修春明夢餘錄

成化三年錦衣衛指揮僉事萬貴自創寺成疏請寺額于朝憲宗賜額曰龍華寺有沙門道深碑記萬曆中修撰朱之蕃復爲碑記焉寺門稻田千項南客思鄉者數過之帝京景物畧

龍華寺明碑二其一播陽釋道深撰廣陵起昂書撫寧

侯朱永篆額其一金陵朱之蕃撰高陽孫承宗篆額永春李開藻書文辭甚俚不足觀 淥水亭雜識

張佳胤詩地有龍華勝心隨石榻清春風一枕到孤月萬松明花散諸天雨鐘鳴不夜城抽簪如可得于此悟無生 崌崍先生集

劉應秋避暑龍華寺作無地堪逃暑清齋試掩扉庭空雙鳥過日落一僧歸多病藥爲茗臨風苧作衣浮名今老大久矣息塵機 劉大司成集

十刹海在龍華寺之前方五十畝室三十餘間相比如號舍佛殿亦分一舍不更廣也剏作者三藏師陝西人 帝京景物畧

佑聖寺在龍華寺之後有嘉禾張文憲碑稱寺係唐咸通年建嘉靖三十九年重修 淥水亭雜識

金剛寺在積水潭之上興德寺東寺有石勒金剛經前小閣後靜室紙牕棐几殊有幽趣後乃改剏大殿高閣左右翼樓數十楹徃昔清深幽遠之致盡化于砂礫間矣 燕都游覽志

金剛寺即般若菴也背湖水面曲巷舊有竹數叢小屋一區萬曆中蜀僧省南大之前立大殿後建高閣寺西廡石刻金剛經署宰官名倩人筆也士大夫看蓮北湖毎一憩寺中 帝京景物畧

興德古刹左傍地俱售之般若菴逼仄不能容步右傍多僧舍修葺綠𣟄叢木青柯相望楚楚後有平臺大可畝許解帶臨風開襟敵水固不減在濠濮間也 燕都游

從興德寺折北而西爲蓮花菴踈林朗樾含此餘清後一臺瞰湖陽諸寺若列肴案隣有火神祠後亦有臺可以眺遠同上

于愼行詩禪宮遙倚北樓開樓下平湖落照來金水環城全象漢蓮花湧寺宛成臺諸香各捧空王座一葉能浮太乙杯便是忘歸歸亦醉夕陽清角莫相催穀城山房集

吳惟英詩去年花外客今復到長堤淺水兼天濶新蒲與岸齊鐘傳高閣遠樹覆小橋低指點村烟起歸心促馬蹄墨響齋集

清虛觀廣福觀俱在日中坊順天府志

清虛觀景泰二年建寰宇通志

李東陽廣福觀詩飛樓淩倒景下照清徹底時有步虛聲隨風度湖水懷麓堂集

萬嚴寺在城內北元至治元年建寰宇通志

廣化寺在日中坊鷄頭池上元時有僧居之日誦佛號每誦一聲以米一粒記數凡二十年積至四十八石因以建寺焉析津日記

漫園在德勝門積水潭之東米仲詔先生所構有閣三層先生嘗爲湛園勺園及此而三燕都游覽志

定國徐公別業從德勝橋下右折而入額曰太師圃前一堂堂後紆折至一沼地頗踈曠沼內羣葢丹英錯雜如織沼北廣榭後擁全湖高城如帶庭有垂楊裊裊拂

地婆娑可翫堂左右書室西築高臺聳出樹杪眺望最遠濱湖園爲第一同上

孝廉劉百世別業堂三楹南有廣除眺湖光如鏡故名鏡園下有路委折臨湖門作一臺望山色遙青可鑒臺下地最卑眺湖較遠今屬冉都尉同上

相國方公園在城北水關西同上

劉茂才園剏三楹北向無南榮東纍層級而降下作朱欄小徑北軒二楹南有小沼種蓮北扉當湖東有書室上作平臺此地居湖中乃南北最修處所以獨勝同上

湜園者太守苗公君穎別業也西面望湖同上

楊園在湜園稍南楊侍御新剏同上

發祥坊七鋪有大興左衛崇國寺正覺寺弘善寺白米

寺五城坊巷衚衕集

崇國寺在皇城西北隅定府大街元時有東西二崇國寺此則西崇國寺也趙孟頫書有寺碑宣德間重建賜額大隆善護國寺今都人猶稱崇國焉燕都游覽志

大隆善護國寺都人呼崇國寺寺始至元皇慶修之延祐修之至正又修之元故有南北二崇國寺此其北也宣德巳酉賜名隆善成化壬辰加護國名正德壬申勅西番大慶法王領占班丹大覺法王著肖藏卜等居此中殿三旁殿八最後景命殿殿傍塔二曰佛舍利塔成化七年勅碑二正德七年勅碑二梵字碑二又天順二年碑二其一西天大剌麻桑渴巴剌行實碑其一大國師智光功行碑又有元碑四其一至元十一年重修崇

國寺碑沙門雪磵法禎撰其一至正十四年皇帝勑諭碑其一皇慶元年崇教大師演公碑趙孟頫撰并書其一石斷爲七環鐵束而立之至正二十四年隆安選公傳戒碑危素撰并書寺爲脫脫丞相故宅今千佛殿傍立一老髯幞頭朱衣一老嫗鳳冠朱裳者脫脫夫婦也後僧錄司右姚少師影堂少師佐成祖爲靖難首勳侑享太廟嘉靖九年移祀大興隆寺俄寺災移此木主題推忠報國協謀宣力文臣特進榮祿大夫上柱國榮國公姚廣孝像露頂袈裟趺坐上有偈署獨菴老人題獨菴少師號也 帝京景物畧

京師有姚少師畫像面大方肥紅袍玉帶髡頂上戴唐帽今崇國畫像猶是僧服姿容瀟灑雙睛如電光之爍

像贊云看破芭蕉拄杖子等閑徹骨露風流有時搖動龜毛拂直得虛空笑點頭蓋本色衲子語 長安客話

成化八年七月修隆善寺畢工命工匠張定住等三十人爲文思院副使寫碑官尚寶司少卿任道遜爲本司卿司丞程洛爲少卿於是工科都給事中王詔等言方修寺之初臣等失于論諫固已獲罪于陛下不容于清議矣今寺成碑完而官爵之濫如此彼西征北伐捐軀殞命之人將何以勸酬之 憲宗實錄

番僧有數等曰大慈法王曰西天佛子曰大國師曰國師曰禪師曰都綱曰剌麻俱光祿寺支待有日支酒饌一次二次三次又支廩餼者有但支廩餼者上卽位初禮部尚書胡濙等議減去六百九十一 正統元年五

月濼等備蔬慈恩隆善能仁寶慶四寺番僧當減去者又四百五十人英宗實錄

趙孟頫大崇國寺佛性圓融崇教大師演公碑銘畧師名定演俗姓王氏世爲燕三河人七歲入大崇國寺事隆安和尚爲弟子世祖皇帝賜號佛性圓融崇教大師至元二十四年別賜地大都乃與門人協力興建作大殿以像三聖樹高閣以庋諸經丈室廊廡齋厨僧舍悉皆完美故崇國有南北寺焉時昊天宿德雄辯大師授以道宗刺血金書戒本於是祝髮之徒以萬計稽首座下尊禮師爲羯磨首師自蒞講席數蒙聖恩賞賜白玉觀音菩薩像臨終之日具湯沐淨髮與門人別怡然長往舊制近郭禁火化師卒以聞時上在春宫特旨有司賻襚令於城西南淨土院茶毗獲舍利數百粒翌日塋瘞郭之野起支提焉松雪齋集

袁宏道崇國寺遊記崇國寺僧引觀姚少師像像贊皆本色衲子語少師自題也過番僧舍觀曼殊諸大士變像藍面猪首肥而矮遍身帶人頭有十足騈生者所執皆兵办形狀可駭僧言烏斯藏所供多此像因談彼國風俗及道里險遠之狀大率烏斯藏諸國以中國最下茶爲國寶市物皆用之黃白金反滯不得行國無稻所食皆麥菽數十里一君如中國之郡邑然僻陋儉苦之鄉也袁中郎集

按趙子昂燕雲錄稱奉使官中書侍郎陳過

庭門下侍郎耿南仲并文武五十餘員元在

眞定丁未八月遣詣燕山崇國寺安泊則崇

國寺金已有之葢南北二寺北建自演公南

則金之舊今已迷其處矣

正覺寺弘善寺俱在發祥坊有勅建碑 順天府志

日下舊聞卷十五終

遼門下侍郎承南仲并文武五十餘員元在真定丁未八月進請燕山崇國寺安泊則崇國寺金已有之蓋南北二寺北遼自演公南則金之舊今已迷其處矣

正覺寺弘善寺俱在發祥坊有劫蓮冲 順天府志

日下舊聞卷十五終

城市六 北城下

都人呼飛放泊爲南海子積水潭爲西海子按海子之名見於唐季王鎔爲鎮帥有海子園嘗館李匡威於此北人凡水之積者輒目爲海若寶坻之七里海昌平北之四海冶是也元時運船直至積水潭王元章詩燕山三月風和柔海子酒船如畫樓想見舟楫之盛自徐武寧改築北平城後運河海子截而爲二城內積土日高雖有舟楫橋梁不能度矣 詠歸錄

黄清老海子上有期作金堤晴日共鳴鑣傾蓋松陰待早朝數盡荷花數荷葉碧雲移過水東橋 樵川集

馮有經龍華寺詩湖際先朝寺幽棲驗物情磬聲松下靜鳥語竹間清菰米羞香飯園葵薦露羮重來知幾日虛負老僧盟 畿輔詩存

朱德潤觀內厩洗馬詩黃雲灑雨沙塲秋灘高水平凝不流曉霜襲透蒼駝裘圉人浴馬津水頭綠驃連錢雙騂騮日光射波脂膩浮青絲脫鞚黃金鉤輕爬短刷濕未收三花剪鬣平且柔鑈雲駿氣將無儔束芻斗豆豈馬羞茫茫豐草生林丘霜蹄何爲踏長楸振鬣一躍期天遊 存復齋稿

李時勉春日遊海印寺詩禪剎凌空出山門近水開遠尋祇樹底斜過禁城隈鳥熟當庭下僧閒愛客來一燈還續火歷刼獨餘灰傍海宜看月談空想渡杯佛存金擁象砌古石扶臺方丈無塵到危巢有鶴回

長廊閒梵罷蹄騎夕陽催古廉集

王梅秋日登鏡光閣詩紺園珠閣帝城邊下有晴波接御川彩仗不聞龍艦合珠簾如隔鳳笙傳秋風車馬平陽館落日溝塍杜曲田撫景未能攄麗藻登臨徒自感流年 柘湖遺藁

崇國寺佛殿前曰延壽後曰崇壽再後曰三仙千佛之殿趙子昂書崇教大師演公碑危太樸書隆安選公傳戒碑在千佛殿陛階南僧雪澗書重建寺碑在千佛殿西階南又有至正十四年聖旨碑上序元諸帝皆用國語所云成吉思皇帝者太祖也窩濶台皇帝者太宗也薛禪皇帝者世祖也完澤篤皇帝者成宗也曲律皇帝者武宗也普顏篤皇帝者仁宗也格堅皇帝者英宗也

忽都篤皇帝者明宗也亦憐眞班皇帝者寧宗也中不及文宗者後至元六年以帝謀不軌使明宗飲恨而崩詔撤其廟主故碑文亦不書也陶氏輟耕錄載元世系完澤篤作完者篤格堅作華堅忽都篤作忿都篤亦憐眞班作懿憐眞班當以石刻爲正 炙硯錄

釋法楨大都崇國寺重建碑畧京師有寺曰崇國前至元乙酉世祖皇帝所賜地傳戒大德沙門定演所開剏佛殿經閣雲堂方丈香積僧寮凡百有餘楹皇慶延祐間仁宗皇帝勑授室利皇后賜鈔三千餘定買地別建三門壽元皇太后復賜鈔五百定而經營焉至正十一年歲次辛卯孟夏大竹林寺沙門雪澗法楨撰奉訓大夫中書刑部侍郎葛邏書儒林郎江

稱其詩雜于唐人中未易辨而皇元風雅元詩體要皆作盧亘詩非也 不出戶庭錄

張翥清明日海子風入松詞尋春春在鳳城東羅帕玉花驄美人半彈垂鞭袖游塵滿目斷雲空淺碧湖波雲漲淡黃官柳烟濛 相如多病賦難工宿酒更頻中歸來自按新聲譜憑誰解唱與東風一夜小牕疎雨杏花明日應紅 蜕菴樂府

順天府尹丞題名記工部尚書豊城雷禮文也嘉靖三十九年立寮佐題名碑記二一爲禮部左侍郎鉛山費寀撰嘉靖二十二年立一爲順天府通判晉江張問仁撰萬曆十三年立 函山旅話

宛平縣題名記翰林院檢討郭鎜撰嘉靖二十八年立 同上

慈隆寺在金臺坊酒醋局外厰東萬曆二十二年御馬監太監高勳修建 寄園寄所寄錄

順天府中有候氣堂在東夾道迤北立春日欽天監官於堂下掘地爲坎深數尺以竹管八實灰其中照方位布列坎內以土覆之至冬至日啟視以占八方之豐歉若管灰全浮出者爲豐不浮者爲歉卽漢書葭莩灰實律管之法也 挑燈集異

申時行順天府重修候氣室記國家建日官以授時作事占步推測之法甚密而順天治輦下其制特詳每盛德在木迎春于東郊先五日欽天監奏遣其屬二人往候氣其布埳實灰重室畧如舊法隨方占之

以氣發斂知歲稔惡所司奉行以爲常然其掌故莫得而詳也府故有候氣密室在東北陬歲久頹圮乃就空廨中行事一切取文具無有言修葺者京兆新城王公會稽朱公移書大司空請更作奏上報可乃以公廩之羨貿財飭工即故址爲室若干楹二公能崇天道敬民事輿敝補闕亦足以知其政矣 賜閒堂集

永樂十三年二月甲申北京立馬神祠時行太僕寺卿楊砥請立馬神祠于蓮花池上命翰林院考古今儀式翰林院言古者春祭馬祖夏祭先牧秋祭馬社冬祭馬步之神國朝南京止祭司馬之神每歲春秋用豕一羊一帛一於是命北京馬神祠設馬祖等神及司馬之神

五位每位用羊豕帛各一儀制准南京

城市七 南城上

正東坊自正陽門外東河沿至崇文門外西河沿八牌四十鋪有蕭公堂崇真觀天慶寺慈源寺清化寺西三里河東三里河蘆葦園 五城坊巷衚衕集

天壇周十里內有圜丘神樂觀天師府犧牲所在正陽門外永定門內街東 同上

天壇在正陽門之左永樂十八年建繚以垣墻周廻九里十三步初遵洪武合祀天地之制稱爲天地壇後旣分祀乃專稱天壇 春明夢餘錄

嘉靖九年正月吏科都給事中夏言請更定郊祀言國家合祀天地于南郊又爲大祀殿而屋之設主其中弗

應經義古者祀天于圜丘祭地于方丘圜丘者南郊地上之丘丘圜而高以象天也方丘者北郊澤中之丘丘方而下以象地也南郊之壇曰泰壇以之燔柴北郊之坎曰泰折以之瘞埋此古之制也是故兆于南郊就陽之義也瘞于北郊卽陰之象也此分祭天地各正其所凡以順天地之性審陰陽之位也況壇于南郊雖以就陽亦因高之義坎于北郊雖以就陰亦因下之義豈有崇樹棟宇擬之人道哉乞勅多官集議以求至當上嘉之 國朝典彙

詔博采公議主分祭者昌國公張鶴齡定國公徐延德懷寧侯孫瑛瑞安侯王橋駙馬鄔景和謝詔安仁伯王桓玉田伯蔣榮慶陽伯夏臣崇善伯王清都督夏助右

都御史汪鋐府尹黎奭府丞黃鍾中允廖道南編修程文德給事中夏言蔡經張潤身李仁王聘田秋周祚陳守愚高金趙漢臣李鳳來戴儒孫應奎御史王繼禮喻希禮陰汝登郭弘化周禪徐淮虞守愚倪緝梁尙德陸琳李循義主事宋錦李欽吳治中汪登通判陳邦傅楊承祺王紳劉初推官江文中經歷陳珖冷宗元郭鳳張居仁劉秉仁韓義都事楊木李光祚知事胡蘭照磨李俊張雲檢校南鉦兵馬指揮畢成胡綱劉倫副指揮何守安牛進德朱哲張光祐王瑤陳謙周侃郭本端詹垣馮錫顧言廖長倫劉紹宗鄧文隆宋秀祝世亨吏目戴鑑馬昂張鉞凡八十二人主分祭而以成憲及時未可爲言者平江伯陳圭大學士張璁翟鑾侍郎董玘張雲

臣陳洪謨聞淵副都御史唐龍僉都御史李如圭通政使張瓚卿黃宗明曾直少卿林有孚戴時宗先光史道寺丞周鳳鳴簡霄朱昭陳綬葉松何鍾陳雲章葉廷芳彭黯修撰龔用卿編修張星給事中王守御史許廷桂張惟恕盧問之傅漢臣謝蘭寺正陸鰲王天民寺副王鴻漸林士鳳朱節胡湘評事陳經應杲吳堦孫禬戴哻余棐龔治司務劉賛襄馬顯主簿周文定都事陳貴韓勛典簿宋文縣陳琨署正宋鈁袁煥蒲敏元邊偁署丞李繼元况道余定李儼劉壽李珏丁應南張夢徵楊茂渫羅其賓陳珮秦學書監事楊臣秦昌勝董檜馬圖劉鏜鄭時明劉賫徐芳張倧鄒儒李端陽要秀吳冕丁如紀袁汝霦凡八十四人主分祭而以山川壇爲方丘者

尚書李瓚編修歐陽德歐陽衢給事中魏良弼御史傅炯余鍧員外郎余光祖行人司正邊彥駱右司副劉守艮行人李遂王禎傅學禮秦鰲方太和沈謐周汝員柯喬孫世祐李實莊用賓田濡蔡瑴莊華原宗曾約等凡二十六人主合祭而未嘗以古禮爲非者尚書方獻夫李承勛梁材許讚章拯侍郎徐縉蔣瑤蘇民卿葛浩詹事霍韜顧鼎臣通政宋滄陳經參議劉繼德孫楡劉日乾卿魏校庶子穆孔暉諭德彭澤贊善林文俊蔡昂學士張潮吳惠席春許成名修撰倫以訓姚淶王用賓編修張袞楊維傑徐階祭酒許誥司業林時給事中王汝梅趙廷瑞曾仲魁董進第陳侃御史譚纘王袞陳講王道范安王杲趙兌吳麟▉士翺葉照朱觀方遠廖自顯郎中劉序李默鄧尚義王道王松范伸劉從學黃瓚史鱗許繼宋銳吳檄盧襄吳縉華鑰黃禎張經王大化盧蕙榮察汪堅易鑾張瑤姚世儒閻溥陳文譽劉佐侯緘甘爲霖丁洪車純汪漢金中夫員外郎張廷馮世雍李世臣王激王三省吳冲寇天與陳艮策廖雲龍伍餘福屠倬王莘郭田王旒呂顒張羽李瑜趙葉楊鏞黃澄張邦教余述張淑郁山主事楊麒全徽緒顧陽和吳允祿任瀚鄺沛汪居安馬坤鄭瓏黃潤江滙屠楷陳大珊曾世昌苗汝霖徐子貞熊汲何鰲趙時春王學益王應櫝徐官駱顒傅好禮汪以達蔡子舉李喬陳貫諸傑張臬毛衢賈名儒陳耀朱子和蘇民夏玉林陳箎程綬屠應埈施昱謝紘郭宗皐王士俊林璦康世隆查懋先諸邦

憲李翔郭秉聰高仲嗣陸時雍張參王鈁馮冠龔轅中書舍人郭俊司務張國紀高臣李克中張鵬吳道南李縈子喬張仲艮周紳蘇民照磨丁律檢校朱斌張岦監丞徐炳典簿鄧祀博士王廷臣林文卿王昺蘇璞王金章助教魏琦陳謨陳禧金周陳琦薛僑譚諫林思誠范震臣李邦祥學正房堅任冕蔡奇范儒汪屺林文林邦堅學錄李寶趙誌陳界彭元陽典簿曹鳳翔凡二百六人無可否者英國公張崙等一百九十八人嘉靖祀典

按郊祀分合持議異同姓名可見者三百九十八人國史所不能具載因備書之盍內外小臣咸得與焉亦以見當日詢謀之廣也

五月作圜丘于天地壇稍北爲皇穹宇國朝典彙

圜丘第一層壇濶七丈高八尺一寸四出陛正南陛濶九尺五寸九級東西北面陛俱濶八尺一寸九級壇面及壇脚用琉璃闌干第二層壇面周圍俱濶二丈五尺高八尺一寸正南陛一丈二尺五寸九級東西北面陛俱一丈一尺九寸五分九級壇面及壇脚用琉璃磚砌四面用琉璃闌干壝去壇一十五丈高八尺一寸用磚砌正南靈星門三座中門濶一丈二尺五寸左門濶一丈一尺五寸五分右門東面靈星門濶九尺五寸北面西面尺寸同燎壇一座在壝外東南丙地高九尺濶七尺上開南出戶壇脚東西南三面設陛周圍外墻去壝一十五丈正南靈星門三座中門濶一丈九尺五寸門外正甬道濶丈尺同左門濶一丈二尺五寸門外左甬

道丈尺同右門濶一丈一尺九寸五分門外右甬道丈
尺同東西北靈星門濶一丈一尺九寸五分甬道丈尺
同存心錄
禮臣言圜丘之制大明集禮壇上成濶五丈存心錄則
第一層壇濶七丈集禮二成濶七丈存心錄則第二層
壇面周圍俱濶二丈五尺葢集禮之二成即存心錄之
一層存心錄之二成即集禮之一成矣臣等無所適從
潤色參詳是在皇上裁定奉旨圜丘第一層徑濶五丈
九尺高九尺二層徑一十丈五尺三層徑二十二丈俱
高八尺一寸地面四方漸墊起五尺 嘉靖祀典
圜丘外圍方墻門四南曰昭亨東曰泰元西曰廣利北
曰成貞內靈星門南門外東南砌綠磁燎爐傍毛血池

西南望燈臺長竿懸大燈外靈星門南門外左設具服
臺東門外建神庫神廚祭器庫宰牲亭北門外正北建
泰神殿後改為皇穹宇藏上帝太祖之神版翼以兩廡
藏從祀之神牌又西為鑾駕庫又西為犧牲所北為神
樂觀成貞門外為齋宮迤西為壇門 春明夢餘錄
皇天上帝正位南向太祖配位西向東一壇大明之神
西一壇夜明之神東二壇二十八宿之神西二壇雲師
雨師風師雷師之神 嘉靖祀典
圜丘第二層上設大明星辰位居東夜明太歲位居西
內壝東設風雲雷雨師位天下神祇壇在外壝之內 存
心錄
昊天上帝配帝位版長二尺五寸濶五寸厚■寸趺高

五寸黃質金字大明之神金地硃書夜明之神黃地素書五星二十八宿周天星辰之神俱綠地金字雲師雨師風師雷師之神俱丹漆金書 嘉靖祀典

永樂十八年北京天地壇成每歲合祀洪熙元年奉太祖高皇帝太宗文皇帝同配享嘉靖九年勅建圜丘于大祀殿之南每冬至祀天以大明夜明星辰雲雨風雷從祀建方澤于安定門外每歲夏至祀地以五岳五鎮四海四瀆陵寢諸山從祀俱止奉太祖一位配享而罷太宗之配其大祀殿則以孟春上辛日行祈穀祭奉太祖太宗同配十年又改以啓蟄日行祈穀禮于圜丘仍止奉太祖一位配享十七年秋九月詔舉明堂大享禮于大內之元極寶殿奉睿宗獻皇帝配享元極寶殿即

舊欽安殿也是冬十一月上皇天上帝尊號十八年春行祈穀禮于元極寶殿不奉配二十四年坼大祀殿改建大享殿命禮部歲用季秋行大享殿禮隨又命仍暫行于元極寶殿隆慶元年詔罷祈穀大享二祭復元極寶殿仍名欽安殿而天地則分祀如世宗所更定云 太岳集

圜丘琉璃闌干詔用青色 嘉靖祀典

唐時明堂制度其宇上圓覆以清陽玉葉清陽色也玉葉亦瓦之類今大享殿及圜丘闌干皆用回青瓦亦清陽玉葉之類唐每郊祀啓南門灌其樞用脂百斛今都城南門亦閉不開惟郊祀駕出方啓 穀城山房筆麈

嘉靖十三年二月奉旨圜丘方澤今後稱天壇地壇 嘉

萬曆十三年四月十七日上以天旱禱于郊壇自宮中步行而出禱畢仍步還宮纍苑編

蔡羽郊壇詩輦道風清碧野平紫煙常自鎖南城行宮歲幸乘龍近仙侶朝來學鳳鳴小殿沉香金氣鬱圜丘芳草玉華清祠官記得天行處萬燭光中侯珮聲林屋集

黎民表雨後經天壇沙河作平沙雨濕草茸茸白玉高壇紫翠重馬上行人看不厭石廊流水遶疎松瑤石山房集

馮琦恭陪聖駕步禱南郊紀事詩龍虎新軍罷勾陳御路開紅塵都不掃留待雨師來北海集

祈穀壇大享殿即大祀殿也永樂十八年建合祀天地于此其制十二楹中四楹飾以金餘施三采正中作石臺設上帝皇祇神座于其上殿前爲東西廡三十二楹正南爲大祀門六楹接以步廡與殿通殿後爲庫六楹以貯神御之物名曰天庫皆覆以黃琉璃其後大殿易以青琉璃瓦壇之後樹以松栢外壝東南鑿池凡二十區冬月伐冰藏凌陰以供夏秋祭祀之用至嘉靖二十一年撤大祀殿擬古明堂名曰大享每春行祈穀禮隆慶元年禮官言先農之祭即祈穀遺意宜罷祈穀於先農壇行事大享禮亦宜罷詔可至崇禎十四年正月上辛復行祈穀禮十五年正月上辛即在朔日禮部以朔賀不便請改十一日中辛得旨於中辛日行禮春明夢

餘錄

齋宮在圜丘之西前正殿後寢殿傍有浴室四圍墻垣以深池環之東西懸太和鐘每郊祀候駕起則鐘聲作登壇則止禮畢升駕又聲之 同上

神樂觀在天壇內之西設提點知觀教習樂舞生內有太和殿遇祭則先期演樂於此 同上

李夢陽郊觀齋居東邊喬二太常作人日過仙院青霞縹緲分碧回瑤澤草紅綻藥宮雲獨處依松樹淸齋對鶴群桃源知並入惆悵不逢君 空同集

犧牲所建于神樂觀之南東北爲司牲祠舊制歲以十二月朔旦駕臨親閱以後每夕輪一大臣視之蓋自五府及吏戶禮兵工五部通政翰林堂上官之不司刑者

皆與焉凡兎房鹿檻羊機牛枋猪圈周行歷視出入皆騎卒火甲人等護衛每夕鐘定人靜乃出至中宵始回城門起鑰以入次早復命用騎卒自宣德年始 春明夢餘錄

泰元門東有禁雩壇爲制一成東爲神庫嘉靖中以孟夏後祭天禱雨 同上

雩壇止去地一級四圍用爐鼎四壇面用爐鼎二比圜丘減四分之一 嘉靖祀典

天壇之北藥王廟武淸侯李誠銘立也左埒碑文恭順侯吳惟英書也 帝京景物畧

魚藻池在崇文門外西南俗呼曰金魚池畜養朱魚以供市易都人入夏至端午結蓬列肆狂歌轟飲于穢流

之上以爲愉快燕都遊覽志

金故有魚藻池舊志云池上有殿榜以瑤池殿之址今不可尋矣居人界池爲塘植柳覆之歲種金魚以爲業池陰一帶園亭甚多南抵天壇一望空濶每端午日走馬于此帝京景物畧

天慶寺原遼之永泰寺金大安中兵毁元世祖至元壬申重建明宣德中重修後有高閣可望天壇僧舍有李龍眠畫羅漢十六軸春明夢餘錄

天慶寺碑至元九年學士王惲撰并書同上

天慶寺僧舍有雅致亭燕石集

天慶古刹也今止存明碑二其一天順戊寅尙寳司卿重慶蹇英撰文禮部員外郎錢唐吳謙書其一嘉靖乙丑建極殿大學士華亭徐階作記行國錄

馬祖常天慶寺納凉聯句槐虗夏陰繁石池暑氣清高堂瞰福田邃宇依王城午磬梵唄集夜廊酥燈明龕經欝金字壁礎承丹楹寂寂鴿棲罘宛宛燕穿棨露葵炫晝艶霞藥敷陽英境閴便靜室心古樂高情逍遙祇園賞迤邐廬社盟山枕籍雲潤水簟凝氷輕飯盂給香積袈衲褫華纓海圖岩壑拆天樂音聲鏗荔墻護筠粉桐甃沉榴瓔共忻朋簪合敢謂詞鋒并睥睨荒草棘横縱按林垌幽尋振塵鞅雅淡忘飛觥鄙哉河朔飲投幘得世名石田集

袁桷記至治三年三月甲寅魯國大長公主集中書議事執政官翰林集賢成均之在位者悉會于南城

之天慶寺命秘書監丞李某爲之主其王府僚宗悉以佐執事籩豆靜嘉尊斝潔清酒不强飲簪珮雜錯水陸畢湊各執禮盡歡以承餼賜而莫敢自恣酒闌出圖畫若干卷命隨其所能俾識于後禮成復命能文辭者叙其歲月以昭示來世竊嘗聞之五經之傳左圖是先女史之訓有取于繪畫將以正其視聽絶其念慮誠不以五采之可接而爲之也先王以房中之歌達于上下而草木蟲魚之纖細因物以喻意觀文以鑒古審時知變其謹于朝夕者盡矣至于宮室有圖則知夫禮之不可僭溝洫田野則知夫民生之日勞朝覲貲享冕服樂懸詳其儀而慎別之亦將以寓其儆戒之道則是魯國之所以襲藏而躬玩之者

誠有得夫五經之深意夫豈若嗜奇侈聞之士爲耳目計哉河水之精上爲天漢昭回萬物爲雲典而英露集也吾知縑緗之積寶氣旁達占候者必於是乎得之泰定元年正月 清容居士集

褰英重修天慶寺碑畧距城南三里河之濱曰魏村社其地幽曠閒寂林木叢茂有古刹曰天慶其創始不可考宣德中僧德誌仍其故址更新之建大殿禪堂齋堂丈室以次而成天順戊寅十月或請于朝仍賜額曰天慶寺 古金貞石志

慈源寺成化二年指揮朱善建 帝京景物畧

圓覺寺亦在魏村社明景泰中所建也有嘉靖四十二年重修碑記雲南道御史趙鏜撰文 行國錄

金井在府南魏村社明一統志

姚彬關王廟俗傳吳將姚彬盜關公馬被獲强不屈廟塑縛彬像公戎服作色左顧彬彬及面色不屈偏將七八怒視彬縛彬者仰公顏色而受命馬回望公其色歎洙人曰隋時像也帝京景物畧

三里河元時名文明河接通惠河爲漕儲運道今鐵閘尙存春明夢餘錄

漕運總兵官都督楊茂上言京城南原有三里河直通張家灣煙郭橋自橋往西踈濬深濶二十餘里卻將煙郭木橋改作弔橋糧船到彼灣泊可免漂流之患若將此河濬深直至三里河作平水壩三四截于內置扁淺剝船令運船由此盤壩以達京師歲可省車脚數百萬

明疏議輯畧

成化七年十月戶部尙書楊鼎工部侍郞喬毅上浚河事宜上命同漕運參將袁佑踏勘勘得城南三里河至張家灣運河口袤延六十里舊無河源正統年間因修城壕作壩畜水慮恐雨多水溢故於陽橋東南低窪處開正通壕口以泄其水始有三里河名自壕口三里至八里莊始接渾河舊渠兩岸多人家廬舍墳墓流向十里迤南全接舊河流入張家灣白河其水深處止有二三尺淺處一尺餘濶處僅丈餘窄處未及一丈又有走沙天旱則淤壅淺澀雨潦則漫散衝突勢不易開憲宗實錄

大通橋去通州四十里地形高通州五丈置十閘方可

行舟三里河在天地壇前去通州五十里形高通州一丈九尺置二閘便可行舟但有一二走沙耳 病逸漫記

重建三里河橋碑在橋西鐵山寺碑建于正德十二年翰林院修撰江陰周叙撰文鐵山寺僧宗洪號也 析津日記

周叙重修三里河橋記都城迤南有河焉乃隍水之枝流也河之上有橋橋之名曰三里其始剏自天順間歷歲既久土崩石泐而往來乘載者病焉時有坊間善士戴通者欲爲改作慮其費不貲功未易舉因與僧宗洪號鐵山者謀之廣爲募緣不數月而集銀兩千一百七十有奇撤故橋降七尺以爲基高十四尺有奇視舊加四之一衡二十有四尺視舊加六之一縱四十尺視舊加六之一盋墁石三十尺有奇視舊加三之一石欄板視舊加三之一石欄柱視舊加四之一橋之西東各窌五尺增築砥平衡皆四十尺有奇其東之縱三十尺西之縱六十有二尺橋之北南作耳橋者三一瞰乎寺之南泉一拱乎巷之鞭子一揖乎街之半邊不惟達是橋之衝路抑且殺河之勢而闕流之洑也延袤共七百尺有奇越五月而工成時正德十二年丁丑 吉金貞石志

正陽門外東偏有古三里河一道東有南泉寺西有玉泉庵至今基下俱有泉脈由三里河繞出慈源寺八里莊五箕花園一帶直抵張家灣煙墩港地勢低下故道俱存冬夏水脈不竭見今天壇北蘆葦園草場九條巷

其地下者俱河身也高者即舊馬頭明白易見不假經畫稍加修治即可復也但附近勢家莊園故成化六年楊茂雖嘗建議而不敢盡言但請罷壩而已後亦竟沮不行成化十二年亦踏勘而勢家賄通欽天監以爲地居京師子午方位爲說不知三里河乃在都城巽巳實非子午方也今誠按此修濬則公私大船俱可直抵三里河不但便船剥而已 桂文襄公奏議

按張爵紀五城坊巷衚衕南城正東坊有西三里河東三里河蘆葦園崇南坊則有南河漕于家灣遞運所纜竿市又有三轉橋紀家橋板橋雙馬莊八里莊十里河皆三里河入張家灣故道今其名雖存而深谷爲陵遺跡漸不可考矣

三里河之故道已成陸矣然時雨則停潦泱泱然河也武清侯李公疏之入園中園遂以水勝可泛舟周廊過亭其東梅花亭砌亭爲瓣五鏤爲門爲牕繪爲壁甃爲地范爲器其形皆以梅 帝京景物畧

劉同升李園小集詩小橋行過柳溪灣爲訪園亭竟日開出郭已知依綠水登樓更喜見青山寒泉落木疑丘壑瘦馬深衣自往還剩采東籬尋舊約君應無夢到塵寰 兩朝遺詩

正陽門外三里河東之明因寺有李伯時渡海尊者卷不知何年爲人賺去存者贋本而僧不知也萬曆二十九年紫栢大師自五臺來夜夢十六僧請挂瓶鉢亭午

有負巨軸售者軸凡十六貫休所畫羅漢也師歎異購之各係以贊傳寺中天啓二年董宗伯其昌過此書佛成道記宗伯三十年前見紫栢此寺中索書成道記至此踐前諾也今楊石置僧寮左壁 帝京景物畧

僧貫休姓姜字德隱婺蘭谿人入兩川蜀王衍賜紫衣號禪月大師畫羅漢像最著者蜀王取其本納之宮中設香案燈祟奉累月乃付翰苑文學士歐陽炳作歌以稱之羅漢狀貌古野殊不類世間所傳豐頤蹙頞深目大鼻或巨顙槁項黝然若貊獠見者無不駭矚自謂得之夢中疑其托是以神之 宣和畫譜

禪月大師居定水禪院嘗夢游他國於岩阿石室親見大士覺而追想謂之應夢羅漢率意揮染皆其眞容非世間相末乃照水自狀本形既而絶筆後一軸題云大蜀國龍樓待詔明因辨果功德大師翔麟殿引駕内供奉繼律論道門選練教授三教元逸大師守兩川僧錄大師食邑三千戶賜紫大沙門貫休字德隱自正本外別有臨摹二本 游宦紀聞

董其昌釋迦成道記跋京師明因寺僧永舜昔年欲刻此記于石幢散施諸方時達觀禪師在都下度夏於潭柘謂舜上人曰此必得董太史書上人遂礱石相待時逾二紀比予再入春明上人年六十餘矣觀師語有如受記上人堅固之願何可負也書以付之 容臺集

清化寺在正東坊有勅建碑 順天府志

程敏政宿清化寺詩早脫朝簪出帝城喜分禪榻坐深更頓疑身在山中住追笑詩從馬上成把釣未應歸計拙照人偏愛佛燈明枕酣一夜清無夢蕉鹿當年亦浪驚 篁墩集

崇眞觀司禮監太監張政捨宅建正統十四年賜額景泰四年國子監祭酒胡濙撰碑 析津日記

崇南坊在新城廣渠門左安門東南角七牌三十三舖有地藏寺法藏寺妙音寺寶應寺崇教寺安化寺吉祥寺 五城坊巷衚衕集

法藏寺舊名彌陀寺金大定中立景泰二年太監裴善靜修之更曰法藏有祭酒胡濙沙門道孚二碑道孚戒壇第一代戒師世人稱鷲頭祖師者也北地多風故塔

不能空無可登者法藏寺彌陀塔獨空其中可登塔崇十丈總八面總置一佛凡五十八佛佛設一燈歲上元夜僧然燈遶塔奏樂金光明空樂作天上矣 帝京景物畧

郭正域法藏寺詩古刹城西寺蓮花處處開金輪平地轉香雨半天來清話逢元度論文有辨才眞如非幻境雲水兩徘徊 黃離草

大悲寺在崇南坊有勑建碑 順天府志

夕照寺其建置年月無碑記可考或云燕京八景有金臺夕照此寺之所由名也 析津日記

安化寺在崇南坊有勑建碑 順天府志

海會寺穆宗受釐之地萬曆增修極其閎麗今則零落

無存矣行國錄

張居正重修海會寺碑海會寺在都城之南創于嘉靖乙未穆宗皇帝嘗受釐于此皇上即位之二年聖母慈聖皇太后出內帑銀即其地更建焉會游僧有范成銅像一軀無所庇覆司禮監太監馮保請移置其地復出內儲大木以爲殿材中爲殿三皆三楹方丈一凡五楹鐘鼓樓二配殿十二禪堂十僧房四十有奇前爲山門繚以周垣又於其外拓地六頃以爲焚修伊具之資太岳集

崇北坊在新城廣渠門東北角崇文門外東河沿往東至都城東南角至便門東北角七牌三十七舖有天仙廟崇恩觀卧雲庵無量庵崇恩寺卧佛寺增福廟白雲

寺積穀寺萬福寺五城坊巷衚衕集

正德三年六月開設神木千戶所先是朝陽崇文門外大木廠二調鎮朔永平遵化等三十四衛所軍士千人護視神木至是軍士陳志等奏往來勤苦乞比蕃牧嘉蔬事例改設一所兵部覆奏從之武宗實錄

七年三月革神木千戶所同上

十年六月復設神木千戶所于朝陽門外從太監張銀請也同上

元至大四年十月勅繪武宗御容奉安大崇恩福元寺皇慶元年四月崇恩福元寺成元史仁宗紀

武宗及二后爲東西二殿藏玉冊十有二牒玉寶一鈕元史祭祀志

延祐元年閏月隆禧院官言世祖影殿有軍士守之今武宗御容於大崇恩福元寺安置宜依例調軍守衛從之元史兵志

天曆元年以南鎮國寺提舉司改崇恩福元提點所三年又改爲福元營繕司元史百官志

姚燧崇恩福元寺碑至大元年詔群臣曰昔朕萬里撫軍躬擐甲胄底平北寇時有願言俟他日振旅而南大建寶刹爲祖考薦福慈闈祝釐卿曹其灼是懷惟以其日鑾輅親巡胥地所宜於都城南不雜闤闠得是吉土勑行工曹麾其外垣爲屋再重踰五百礎門其前而殿于後左右爲閣樓其四隅大殿孤峙爲制正方四出翼室文石席之玉石爲臺黃金爲趺塑

三世佛後殿五佛皆范金爲席諸天之神列塑于廡皆梵像變相詭形怵心駭目至其榱題棁桷藻繪丹碧緣飾皆金不可貲筭楯檻衡縱捍陛承宇一惟玉石榜其名曰大崇恩福元寺外爲僧房方丈之南延爲行宁屬之後殿庫廄庖湢井井有條所立隆禧院比秩二品守以相臣割田外郡收其租入以給祝髪者乘輿時臨留必信宿久或浹旬功垂什八期以四年正月八日大慶賛偏賚官役何意其日奄以奉諱皇帝踐位哀先志之弗竟懼成功之將墜飭敦匠臣益虔乃職罷行工曹入留鑰司之程以早集勑臣燧汝文之碑臣燧載拜稽首作頌曰猗嗟梵宮相方視址授其成規維昔哭子寫材于江伐石于山言出風

行草靡庶頑又假相臣汝往敦匠易衣寒暑饑倈汝餉于茲三年大立細捎垂欲落之而陟配天皇帝曰噫朕兄所志有銜未寃其在傳次乃勑攸司無替爾程其用則取邦賦之經佛宇勑爲前古有是而其所無兩聖之治前聖往矣於佛焉依今聖萬年與日齊輝濡軌長江拳石喬嶽善頌之存梵唄攸託 牧庵集

隆安寺天順間廢刹也萬曆巳酉僧羣林自蜀來募金錢修佛殿殿後堂三楹曰淨土社堂列龕五十三結僧徒念佛歲元旦設果餌享佛盤千數名曰千盤會寺後一閣崇禎元年僧大爲立 帝京景物畧

普陀寺金山寺在崇北坊俱有勑建碑 順天府志

臥佛寺入山門有圓殿佛立其中後殿有臥佛長丈餘有十餘佛環立肩背後寺無碑記止西廊一鐵鐘係正德戊辰年所鑄稱寺曰妙音寺 析津日記

正南坊在新城中門裏天地壇西四牌二十鋪有般若寺古佛庵保安寺響鼓廟崇興寺 五城坊巷衚衕集

山川壇在天地壇之西繚以垣壇周迴六里中爲殿宇以祀太歲風雲雷雨嶽鎮海瀆東西二廡以祀山川月將城隍之神左爲旗纛廟西南爲先農壇下皆耤田 明一統志

永樂十八年十二月山川壇成 成祖實錄

正殿七壇曰太歲曰風雲雷雨曰五岳曰四鎮曰四海曰四瀆曰鍾山天壽山之神兩廡從祀六壇左京畿山川夏冬月將右都城隍春秋月將嘉靖十一年即山川

壇爲天神地祇二壇以仲秋中旬致祭別建太歲壇專祀太歲東廡爲春秋月將西廡爲夏冬月將各二壇前爲拜殿宰牲亭南爲川井即山川壇舊井有龍蟄其中壇西南有先農壇東旗纛廟壇南耤田在焉隆慶元年禮官議天神地祇既從祀南北郊仲秋不宜復有神祇壇之祭罷之而太歲之祭如故 春明夢餘錄

國初肇祀太歲禮官雜議因及陰陽家說十二時所直之神太祖乃定祭太歲于山川壇之正殿而以春夏秋冬四月將分祀兩廡或謂月將非經見者按禮祭法埋少牢于泰昭祭時也相近于坎壇祭寒暑也太歲實統四時而月將四時之候寒暑行焉今祭太歲月將則固時與寒暑之神也載諸祀典孰謂非經見耶 餘冬序錄

嘉靖九年改定風雲雷雨神牌次序曰雲雨風雷上曰雲雨風雷天神也嶽鎮海瀆地祇也城隍人鬼也焉可雜于一壇而祭之議以城隍之神歸之本廟於常祭外添祭一壇 嘉靖祀典

禮臣上言太歲之神自唐宋以來祀典不載惟元有大典作祭于太史院亦無常祭國朝始有定祀是以壇宇之制於古無稽按說文太歲木星也一歲行一次應十二辰而一周天其爲天神明矣亦宜設壇露祭但壇制無考應照社稷壇築造高廣尺寸差爲減殺庶於禮適宜詔可 同上

神祇壇方廣五丈高四尺五寸五分四出陛各九級壝墻方二十四丈高五尺五寸厚二尺五寸靈星門六正

南三東西北各一內設雲形青白石龕四於壇北各高
九尺二寸五分 春明夢餘錄
地祇壇面濶十丈進深六丈高四尺四出陛各六級壝
墻方二十四丈高五尺五寸厚二尺四寸靈星門亦如
神壇內設青白石龕山形三水形二於壇北各高八尺
二寸左從位山水形各一于壇東右從位山水形各一
于壇西各高七尺六寸 同上
祭雲雨風雷嶽鎮海瀆山川諸神每三歲一親祭以丑
辰未戌用事雲雨風雷之神四壇南向五嶽五鎮五山
四海四瀆之神五壇北向京畿山川西向天下山川東
向 嘉靖祀典
太歲壇在山川壇內中爲太歲壇東西兩廡南爲拜殿
殿之東南砌燎爐殿之西爲神庫神厨宰牲亭亭南爲
川井外四天門東門外爲齋宮鑾駕庫外爲東天門 春
明夢餘錄

祭太歲月將等神于太歲壇每歲于立春大祫用事正
祀其甲太歲之神東廡春秋月將之神西廡夏冬月將
之神 嘉靖祀典
先農壇在山川壇內太歲壇傍之西南永樂中建爲制
一成石包甎砌方廣四丈七尺高四尺五寸四出陛西
爲瘞位東爲齋宮鑾駕庫東北爲神倉東南爲具服殿
殿前爲觀耕臺臺用木方五丈高五尺南東西三出陛
臺南爲耤田護壇地六百畝供黍稷及薦新品物又地
九十四畝有奇每年額稅太常寺會同禮部收貯神倉

以備旱潦嘉靖中建圓廩方倉以貯粢盛上耕耤田親祭餘年順天府尹祭 春明夢餘錄

弘治元年二月孝宗皇帝行耕耤田禮順天府率兩縣官耆老之後添上中下農夫各十人穿本等衣鞋各執農器引見叩頭令其終畝人賜布一疋後循以爲例 嘉靖祀典

親耕耤田合用田具什物黄龍口等犂牛具順天府造辦彩旗樂人禮部備辦庶人絳衣緇履巾襪并大紅紗滿紅燈祭器工部修造教坊司合用樂器銅鑼四面黑油腔大皷四面小皷二面黑油腔鈸子四面白鐵鈎青緜繩穿紅油木楸四把木叉四把掃帚四把斗蓬四箇蓑衣四領黑油杠四根青緜花繩四根 同上

駕祀先農躬耕耤田工部題請將黄龍口犂黄犍牛黄絨鞭黄套索各一紅犂黄牛紅絨鞭紅套索各十二鐵著鐵鍬木鍬竹筐米篩竹箕荆筐掃苗掃箒簸箕各十耙二副行順天府辦送 水部備考

天順乙酉仲春元辰上親耕于南郊命朝臣從耕于是少保吏部尚書華蓋殿大學士李賢禮部尚書姚夔兵部尚書王竑工部尚書白圭吏部右侍郎翰林院學士彭時戶部左侍郎楊鼎耕其左廣平侯袁瑄隆平侯張佑定襄伯郭登吏部左侍郎翰林院學士陳文吏部右侍郎尹旻通政使張文質耕其右戶部尚書馬昂進耒耜上耕耤三推從耕者各五推九推訖京尹及赤縣令率耆庶終畝 水東日記

嘉靖九年二月上躬耕耤田三公九卿執事官一十二員昌國公張鶴齡建昌侯張延齡大學士張璁翟鑾吏部尚書方獻夫兵部尚書李承勛戶部尚書李瓚禮部尚書李時刑部尚書許讚工部尚書章拯都察院右都御史汪鋐翰林院學士顧鼎臣進耒耜執事官五員戶部尚書梁材太常寺卿陳道瀛鴻臚寺卿魏境少卿孫伯義順天府尹黎奭 嘉靖祀典

崇禎七年二月上親祭先農壇行耕耤禮十五年二月上復親祭先農行耕耤禮戶部尚書傅淑訓進耒耜順天府尹張宸極進鞭上左手秉耒右手執鞭三推步行犁土中盡壠而止耕時教坊司引紅旗兩旁唱禾詞老人牽牛二人扶犁二人耕畢戶部尚書跪受耒耜置犁亭府尹跪受鞭置鞭亭府尹捧青箱播種者老以御牛隨而覆之上御觀耕臺於是大學士周延儒賀逢聖張四知謝陞陳演吏部尚書李日宣六人耕于東定國公徐允禎恭順侯吳惟英清平伯吳遵周戶部尚書傅淑訓兵部尚書陳新甲工部尚書劉遵憲六人耕于西順天府廳官各執箱播種太常卿奏耕畢駕至齋宮農夫終畝科臣沈迅以教坊承應歌詞俚俗請改正上諭禮臣以後耕耤宜歌豳風之詩 春明夢餘錄

按耤田耕罷燕及群臣教坊承應作黃童白叟鼓腹謳歌爲佯醉狀弘治初元耕耤教坊以雜劇承應左都御史馬文升厲色曰新天子當知稼穡艱難豈宜以此瀆亂宸聽卽斥

去之思陵命改歌豳風信卓見也

顧鼎臣帝耤躬耕賦帝在位之九載大業朗以遐宣闢兩儀以作事掩六極以爲鄽四時肇其順序八政飭而罔愆猶且遡王事之本念民事之艱憲古昔以示勸躬往耕乎耤田是月也星麗辰角日移參尾太皞司辰勾芒佐理律應夾鍾節惟雨水當木德之在御見斗杓之東指林含烟以葱蒨華綴露而旖旎長川漾而流碧芳草靡以成綺羌萬井與千壥咸戒期於于耜乃命司空治館金吾視壇縹宫岌嶫絳殿蜿蜒青幄雲駐翠幙氛連有崇臺以觀稼亘千畝兮陌阡若天造而地設以待聖天子之幸焉爾乃即齋宫坐宣室儼朱紘戴青幘祝史正辭巫咸獻吉瑤露朝

嚴金根宵飭服葱犗於紺轅駕蒼龍以縹軶後車備播殖之器中宫獻穜稑之實於是勾陳肅隊招搖啓途六軍雷動七校風驅前披雲以建纛後捎星而曳旟草莫莫兮承輦花菲菲兮襲裾至則氈廬周設崇卑在位者老偕觀耕夫咸萃眄翠旄之誕臨歡聲騰而動地爾其配后稷享先農奠蒼㲉與元醴燎芳桂與香蕭太牢薦而肥腯太簇奏而從容既用虔於祼鬯乃躬即乎田功于焉京兆奉鞭司徒獻耜牛濈濈以從縻畝畇畇其如砥群歌而田鼓聲聞三推而土膏脉起陟巍臺以俯眺覩萬民之舉趾大徇之典將行享醴之讌斯啓時則大宗伯捧策而進曰陛下應農祥而發令順陽氣以時行耤千畝于畿甸勤萬乘

以躬耕示三農以崇本垂百世而爲經天子有睟其
容賑然而喜曰黍稷馨香籩豆以飭者孝之則也三
時不違唯農是恤者仁之錫也庶土任宜深耕易耨
者政之式也余一人念稼穡之艱難躬胼胝而無逸
雖六府之孔修猶日愼于一日豈止於奉遺典而循
行慕前修而潤色者哉于時上率元臣載拜稽首奉
萬歲之觴上一人之壽鐫玉策而紀瑤編勒鴻猷以
不朽頌曰於惟上聖秉化權兮洪澤汪濊溢八埏兮
百祀咸秩儀孔虔兮爰稽昔典耕耤田兮帝旣至止
三推先兮群工卿寺禮罔愆兮農夫終畝播殖蕃兮
以供粢盛潔且蠲兮雨風時若大有年兮小臣稽首
載颺言兮　顧文康公集

劉榮嗣駕耕耤田恭紀靑陽膏土動郊原玉軑乘時
出應門自古有年歌帝力於今祈穀荷君恩西疇柳
帶宮雲煖上苑花迎稼雨繁田畯於時占介福茨梁
早已報曾孫　半舫集

陳子壯耕耤禮成作天子親行畝微臣相秩宗淸塵
傳蹕靜瑞靄出郊濃高柳喧靈鵲華芝結袞龍普天
應有兆九穀在三農　兩朝遺詩

旗纛廟在大歲殿之東亦永樂中建神曰旗頭大將曰
六纛大神曰五方旗神曰主宰戰船之神曰金鼓角銃
砲之神曰弓弩飛鎗飛石之神曰陣前陣後神祇五猖
等衆皆南向旗纛藏內府仲春遣旗手衛官祭于廟霜
降祭于教場歲暮祭于承天門外　春明夢餘錄

靈佑宮在南城山川壇之北舊爲十方道院止一楹爾萬曆壬寅始拓爲三楹名眞武廟越歲癸丑司禮監魏學顔闢地數十畝建閣一爲殿五請于朝賜額曰護國靈佑宮碑文大學士福清葉向高所撰湖廣道御史晉陽潘雲翼書 行國錄

仁壽寺顯德嗣遺址也萬曆元年伏牛山行者眞玉卓錫于此內官張朝因宮女陳秋香聞之仁聖太后遂捐貲屬司禮監馮保建寺始于是年四月明年正月賜額曰仁壽有李廷機劉效祖二碑 析津日記

李廷機仁壽寺碑都城午門外數里許有寺曰仁壽聖母仁聖懿安康靖皇太后所建而皇上肇錫之名也寺以萬曆二年庀工營建前爲山門天王殿中爲

佛殿旁爲伽藍祖師殿後爲顯德殿爲方丈爲僧舍而方丈之後復以十三年命尚膳監太監周貴造延壽藏經樓左右配殿及僧舍繚以周垣賜地百五十畝莊舍七十二間課其歲入爲神供命僧明忠主之御用監太監劉彥典領焉且命司禮監太監張誠立石記歲月而詔臣記之 李文節公集

黑龍潭歲旱於此禱雨 析津日記

晉陽庵出宣武門二里許內有古銅觀世音像高三尺餘下有欵識云大唐貞觀[illegible]年尉遲敬德監造黎秘書民表隷書古佛庵三字極工後移置稽山會館 燕都遊覽志

郭正域詩古佛城東寺相傳歲月深不知經幾刼趺

坐到于今 黃離草

崇興寺明天順四年勅建後比丘尼居之 行國錄

都城之南傳有寺曰靜寧圯已久矣有僧弘瓊棲其地御用監太監潘瑛爲之建寺肇自天順庚辰訖于成化丁亥寺成請于朝賜額崇福寺有二碑一兵部左侍郎兼翰林學士淳安商輅撰中書舍人直文淵閣錢唐夌暉書一播陽釋道源撰禮部郎中鄞人章規書寺今圯矣而土人尙目之曰新寺 析津日記

按都城自遼金以後至于元靡歲不建佛寺明則大璫無人不建佛寺梵宮之盛倍于建章萬戸千門成化中京城內外勅賜寺觀巳至六百三十九所見周尙書洪謨奏疏中王

宮保廷相詩云西山三百七十寺正德年中內臣作則城中所建可類推矣迨萬曆初孝定皇太后營造愈衆而一經修建寺額輒更如憫忠靜寧相去甚邇同更曰崇福後人之考證實難安得好事者詮金陵之塔寺記洛陽之伽藍表西湖之淨社俾京師舊蹟一覽而得不亦快事哉

正西坊自正陽門外西河沿至宣武門響閘橋東六牌二十四舖有延壽寺雲峯寺觀音寺雲居寺萬善寺擡頭庵 五城坊巷衚衕集

遼聖宗統和六年四月幸延壽延洪二寺 遼史游幸表

十二年四月以景宗石像成幸延壽寺飯僧 遼史本紀

十五年四月幸延壽寺 遼史游幸表

興宗重熙十一年十二月幸延壽寺飯僧詔宋使觀擊鞠 同上

燕京蘭若相望大者三十有六然皆律院自南僧至始立四禪寺曰大覺招提竹林瑞像延壽院主有質坊二十八所僧職有正副判錄或呼司空 松漠紀聞

童貫蔡攸帥師入燕號撫定勒碑于延壽寺以紀功將佐姓名皆列于碑留十日乃回 東都事畧

太上北至燕山寓上延壽寺 北狩行錄

道君以丁未五月十八日到燕山於延壽寺駐蹕所取本朝輅輦道遥子俱在延壽寺安放七月中旬鄭后體違和淵聖諸后同來延壽寺候問 燕雲錄

京師延壽寺凡五六所大約皆爲祝釐而建惟琉璃廠東北一區明正統六年開渠得斷碑上有延金延壽字可辨太原僧湛然因爲重建而翰林檢討四明汪奉爲之記此當是遼金舊址也寺在遼金時稱巨刹遼主嘗臨其地見游幸表金人以栖道君汴京所獲車輦悉置于寺意今之廠地皆昔寺之基而今之寺特其一隅焉爾 析津日記

明教寺在正西坊有勅建碑 順天府志

日下舊聞卷十六終

日下舊聞卷十六補遺

城市七 南城

國朝郊祀贊禮者太常寺之道士奏樂者神樂觀之道士皆異端也天神何爲而格哉 留青日札

許穀謁皇穹宇詩分祀崇郊典嚴居肅帝宮高明一祖配陟降八神同紫氣團華蓋元陰接上穹萬年瞻秉璧靈貺自無窮 石城集

崇文門外打磨廠金忠潔公鉉故居 青箱堂集

正統巳巳春打磨廠西軍人王勝家井中有五色氣 馬氏日鈔

京師神木廠所積大木皆永樂時物其中最巨者曰樟扁頭圍二丈外臥四丈餘騎而過其下高可隱身歲久風雨淋漓已漸朽矣 春明夢餘錄

安國寺在三里河之南一里建于天順元年其碑禮部尚書胡濙撰文中書舍人陳渊書 行國錄

慈源寺碑正統初立太常少卿括蒼潘辰撰文中書舍人張天保書 同上

慈源寺東數百武有關王廟相傳即元崇恩萬壽宮殿中塑像甚古作姚彬被縛狀殆元時舊塑元設梵像提舉司專董繪畫佛像及土木刻削之工故其藝特絕後人不能爲也寺僧云彬初爲黃巾賊將貌類關壯繆其母病思食良馬肉彬知壯繆所騎赤兔最良因投廄下竊赤兔以逃關吏察其音不類河東執以歸壯繆彬抗慨請死臨刑忽大笑壯繆問之則以與母永訣故爾乃

釋之事不見于野史世所傳關公事蹟亦無之荒唐之辭不知何所本也寄園寄所寄錄

安化寺正統八年賜額有光祿卿雲間張天駿碑記行國錄

京師三黑龍潭一在城西畫眉山一在房山縣一在南城黑窑廠皆禱雨之地也黑窑廠潭一方池爾水涸時中有一井以石甃之愚山集

袁楠天慶寺佛殿上梁文寶構凌空稱華嚴之富貴青蓮湧地成祇樹之神通雪堂老禪心匠虛明性宗眞淨住南城數十載名滿江湖視北闕億萬年日嚴香火雖紺宇禪扃之已敞而璇題秘殿之未雄靈山之法會如新鷲辰之綸音巳下無踵而至不日以成繡栱結飛霞稱由旬之龍象金波麗鳷鵲儼第一之

人天清容居士集

崇文門東南有淨慶寺按元張中丞養浩作其子鳫奴壙銘有云權厝文明門外淨慶寺之南原寺蓋元時有之矣人海記

國朝於大祀殿祀昊天上帝凡所謂天皇太一之類一切革去三代以下祀典之正所僅見也博物典彙

清化寺在三河里陽宣德壬子奉聖夫人東安里王妙秀命其弟義勇後衛百戶榮以賜金買故保安寺基即蔬圃爲寺落成于正統甲子有奉議大夫金陵朱緣撰碑正德壬申四月望燬于火癸酉二月重建乙亥五月訖工有右中允濮陽李廷相碑陳志

明因寺故三聖寺也萬曆初慈聖宣文明肅皇太后改建賜額殿左一碑萬曆十七年立司經局洗馬汝南王祖嫡撰右一碑萬曆二十年立禮部左侍郎汝南何洛文撰殿後右廡有董尚書其昌所書釋迦如來成道記自稱香光居士記凡十二版嵌于南北壁各六版天啟四年刻石帝京景物畧謂在僧寮左壁非也 散懷錄

王惲大都創建天慶寺碑國家鼎定全燕教隆內典故精藍勝刹莊嚴寶眄金碧相望維永泰寺肇基自遼彌陀者永泰之别院也大安兵燼廢撤不存鞠爲茂草者五十餘年至元壬申有僧雪堂始來結菴而土之先是師在雲朔假息間有以天慶名所棲而告之者初不喻其故既而觀光大都駙馬高唐郡王出重幣易是院爲師駐錫之所迨甲申冬皇孫紺麻剌出貨泉二千五百緡洎名驃二仍諭留守段禎詹事丞張九思即所居庀徒蕆事起三大士正殿丈室七巨楹下至門閭庖湢賓客之所畧皆完美始於乙酉之春成于丙戌秋仲初作闕地得廢鐘所刻天慶二字攷之葢有遼建號也夢既協即爲新寺名額師諱普仁字仲山姓張氏雪堂其號也世爲許昌人 秋澗集

工部設五大廠一曰神木廠在崇文門外額發軍千名辦工部曰大木廠在朝陽門外即獐鹿房廠也辦工軍數與神木同凡各省采到木植俱于二廠堆放大木廠則兼收葦蓆一曰黒窑廠一曰琉璃廠燒作甎瓦及內

府器用一曰臺基厰堆放柴薪及蘆葦又有五小厰曰營繕所木工也曰寶源局金工也曰文思院曰王恭厰俱絲工也曰皮作局革工也其外别設三厰曰北窰曰南窰曰鐵厰主范金合土之事後廢止徵地租銀貯節愼庫與料價同用 明水軒日記

北京神木厰大木俱刻字爲記其上有王二姐張點頭嫌河窄混江龍之名皮爛存心對面猶不相見 暖姝由筆